说明：本页请配合正文262页的“刷牙”游戏使用

陪伴是最好的爱

130个亲子创意启蒙互动游戏

130 creative interactive enlightment parent-child games

李杏◎著

中国工人出版社

图书在版编目（CIP）数据

陪伴是最好的爱：130个亲子创意启蒙互动游戏 / 李杏著.
—北京：中国工人出版社，2019.6
ISBN 978-7-5008-7183-5

Ⅰ.①陪… Ⅱ.①李… Ⅲ.①智力游戏—学前教育—教学参考资料 Ⅳ.①G613.7

中国版本图书馆CIP数据核字（2019）第094317号

130个亲子创意启蒙互动游戏
陪伴是最好的爱

出 版 人　王娇萍
责任编辑　李素素
文字编辑　白原远
责任印制　栾征宇
出版发行　中国工人出版社
地　　址　北京市东城区鼓楼外大街45号 邮编：100120
网　　址　http://www.wp-china.com
电　　话　（010）62005043（总编室）
　　　　　（010）62005039（印制管理中心）
　　　　　（010）62382916（职工教育分社）
发行热线　（010）62005996　（010）62005042（传真）
经　　销　各地书店
印　　刷　北京美图印务有限公司
开　　本　710毫米×1000毫米　1/16
印　　张　17.5
字　　数　140千字
版　　次　2019年7月第1版　2020年3月第2次印刷
定　　价　78.00元

目 录

C O N T E N T S

第二部分 感官训练

第三部分 精细能力与大运动发展

第四部分 逻辑与数学

第五部分 艺术启蒙

第六部分 语言表达能力

第七部分 科学实验

第一部分

0—1岁的日常互动

宝宝出生后的头一年是最关键的时期。他们从无法自主抬头到学会翻身、爬行、迈出第一步，从感知混沌到可以洞察细节，从口齿不清到牙牙学语，小小的身体在最初的一年经历着巨大的发展和变化。

因为姐姐麦麦早产（35周）的缘故，我把更多精力放在对她的日常基础护理上，两年半后妹妹的出生，给了我重新体验的机会，让我更加从容淡定地面对宝宝出生第一年的养育问题，不再像之前那么焦虑。

我吸取当年养育麦麦时的互动经验，为处于小月龄（0—1岁）的妹妹设计了很多简单的游戏，启发她的视觉、听觉、触觉、嗅觉、味觉等感官，训练她的语言能力、体能和自我认知，以帮助她更好地感知这个世界。

0—3个月宝宝的发展特征

新生儿出生时已经能看到物体，但是一定时间内看到的东西都是模糊的、黑白的。

喜欢安静、被包裹、低光、有细小白噪音的类似子宫的环境。

能辨别妈妈的气味，喜欢被妈妈抱在怀里，喜欢肌肤接触。

会用哭声来表达自己的需求，这一阶段的需求表现有：饿了、困了、尿了、拉了、疼了。

可以将头转向熟悉的声音，寻找声源。

触觉极为敏感，喜欢触摸不同材质的物品。

手慢慢变得灵活、有力量，可以有意识地抓住小东西并持续几秒钟，开始尝试够着并拍打物品。

惊跳反射频繁，起初睡眠浅，之后睡眠时间慢慢拉长，能分辨白天和夜晚，到3个月左右时，夜晚睡眠时间增加。

可以短暂地俯卧与抬头。

能看到的距离随着时间的推移慢慢增加，追视能力增强，可以进行眼神交流，开始有社交兴趣。

4—6个月宝宝的发展特征

会表达开心、难过等情绪。

意识到自己手和脚的存在，会把手举在面前看，开始啃手。

有的宝宝进入长牙期，牙龈发痒发疼，口水变多，喜欢通过吃手来减缓长牙带来的疼痛。

身体越来越灵活，从会向一侧翻身，逐渐过渡到会向两侧翻身。

抬头的时间越来越长，趴着时可以通过双手支撑使胸部离地。

腿部更加灵活，躺着的时候会使劲踢腿，站在大人腿上的时候会试图往上蹬腿，想要站起来。

进入牙牙学语阶段，能将辅音和元音结合发出类似“ba—ba”“ma—ma ”的声音。

进入“口欲期”，爱用舌头舔东西，通过这种方式去认识事物。

喜欢玩“躲猫猫”的游戏，当妈妈隐藏在毛巾后面的脸出现时，会开心地大笑，初步理解事物的恒定性。

可以分清熟人、陌生人，看到妈妈等熟人会无拘无束地笑，牙牙学语，看到陌生人会产生警惕。

对人的长相更加好奇，尤其喜欢看镜子里的自己。

可以分辨色彩，喜欢红、橙、黄等暖色，不喜欢偏冷、偏暗的色调。

0—6个月感官训练方法

方法 1 ▶ 将宝宝抱在怀里或让其趴在大人的肩头，轻轻为宝宝哼唱歌曲，身体随音乐小幅度摆动，让其感受节奏与律动。

方法 2 ▶ 宝宝躺着时，在宝宝左右两侧分别摇摇铃，看他头是否会转向铃响的一边；宝宝趴着时，在他的背后摇摇铃，看他是否会回头。

方法 3 ▶ 使用黑白卡片（0—3 个月的宝宝）或彩色视觉卡片（3 个月以上的宝宝）对宝宝进行视觉刺激。

方法 4 ▶ 当宝宝发出嘟嘟囔囔的声音时，应给予回应，如我知道你很开心，妈妈猜你是想喝奶了，对吗?

方法 5 ▶ 为宝宝洗一个温水澡，让宝宝全身浸泡在水里，感受水的触感。

方法 6 ▶ 洗澡后给宝宝做全身抚触，促进其神经系统发育，增进亲子关系。

方法 7 ▶ 通过感官书、布书、感官球、感官瓶、感官袋等不同材质的物品，吸引宝宝去观察和触摸物体，发展感官。

方法 8 ▶ 让宝宝自己挥动摇铃或沙锤，探索动作与声音之间的因果关系。

方法 9 ▶ 把宝宝放在婴儿车里，或用婴儿背带背着宝宝到户外走一走，听听大自然的声音。

0—6个月语言开发方法

方法 1	和宝宝形容他今天穿了什么衣服。如你今天穿了白色和黄色相间的条纹衣服，很可爱，妈妈喜欢你衣服上的小猫咪图案……
方法 2	让宝宝触摸不同材质的衣服，向他描述不同材质面料的特点（软或硬、光滑或粗糙）与区别。
方法 3	当宝宝看自己的手时，帮他说出看到的一切：这是你的小手指，这是你的大拇指，这是你的食指，这是你的小手掌，这是你的小指甲。
方法 4	做一些颜色鲜亮或带响声的小道具放在宝宝的袜子上，在宝宝玩小脚时和他说说袜子的样子和颜色。
方法 5	给宝宝一个会说话或会唱歌的玩具，让他通过听歌、听故事熟悉日常语言。
方法 6	在宝宝面前放一面镜子或抱着宝宝站在镜子面前，向他描述身体各部位都在哪里，帮他认识自己。
方法 7	把宝宝抱在怀中为他唱儿歌、读绘本，通过共读，让宝宝熟悉爸爸妈妈的声音，增加宝宝的词汇量。
方法 8	用不同的语音语调和宝宝说话，增强他的语言感知能力。
方法 9	教宝宝辨识不同小动物的叫声，用小动物的叫声代替儿歌歌词唱给宝宝听。
方法 10	当宝宝发出声音时，要及时给予回应，多和宝宝“交谈”，鼓励他继续表达。

0—6个月情绪与社交启蒙方法

方法 1	为宝宝提供一面镜子，让她观察自己的表情和动作，发展自我意识。
方法 2	当宝宝因为亲近的人不在身边而难过哭泣时，即使离得远也要和宝宝说话，让宝宝知道熟悉的人在附近，对于他们来说，学习自我安抚也是一项重要技能。如果宝宝的哭闹没有停止，并且加重，那就快去抱抱他吧。
方法 3	当宝宝俯卧的时候，可以试着用同样的姿势和他面对面交流。有的宝宝会抬起头来倾听，有的宝宝甚至会给予回应。
方法 4	宝宝在最初几个月是通过眼神与人交流，与亲人眼神交流越多的宝宝越有安全感。当宝宝看着你的时候，用眼神给予回应，温柔地叫出他的名字，对他做各种表情，让宝宝逐渐学会模仿面部动作。
方法 5	用语言帮助宝宝描述他的情绪，如“妈妈知道你是因为饿了才这样大叫”“你是因为肚子有点疼才哭”“你打哈欠是因为困了”。
方法 6	用婴儿背带将宝宝背在胸前，背着他散步甚至是做简单的家务，用近距离接触帮助宝宝建立安全感和信任感。
方法 7	用一个小毯子和宝宝一起玩“躲猫猫”游戏，在不断重复出现——消失——出现——消失的训练中，让宝宝知道妈妈走了还会回来，帮助他建立对物体永恒存在的认知。
方法 8	带宝宝去见同龄小朋友或邀请其他小朋友来家里做客，让宝宝观察陌生面孔，体验和陌生人共处的感觉。
方法 9	5—6 个月的宝宝已经可以逐渐理解幽默的含义了，可以做一些好玩的事情逗他们开心，如亲亲他的肚皮、脚丫，给他轻轻地挠痒痒。

0—6个月身体技能提升方法

●精细类

方法 1 ▶ 鼓励宝宝用手去抓握物体。把手指放在宝宝的手掌心中，宝宝会条件反射地抓住不放。抓握反射一般持续 3 个月左右，之后会被自主抓握代替。

方法 2 ▶ 当宝宝俯卧的时候，在他面前放一个摇铃或可以抓的玩具，慢慢拿起玩具，让宝宝抬起头伸出手去抓玩具。

方法 3 ▶ 给宝宝一个关节可动的木制玩具，让宝宝体会用手指扭动物品的乐趣，练习手指的灵活性。

方法 4 ▶ 准备一块海绵，让宝宝做抓、挤的动作，体验用手掌挤海绵的感觉，锻炼手掌与手指开合的动作。但要注意为防止误食，海绵不能太小。

方法 5 ▶ 大部分宝宝在 6 个月时就可以开始添加辅食了，让宝宝坐在自己的餐椅上，给他一些柔软的手指状食物或磨牙饼干，让他去拿。宝宝一开始会用整个手掌去抓食物，慢慢地会用手指去捏。

●大运动类

方法 1 ▶ 进行俯卧训练（Tummy time）。在宝宝面前放一些彩色卡片、有声玩具、手摇铃、感官书、音乐盒、镜子等有趣的物品，引起宝宝的兴趣，鼓励宝宝多趴，多练习抬头，锻炼胳膊、肩部、背部的肌肉群。

方法 2 ▶ 宝宝平躺的时候爱踢腿，拿一个软枕头对着宝宝的脚让他踢，让他感受枕头的柔软，或者在宝宝脚边放一个有声音的玩具，让宝宝踢到它，发出声音，帮助宝宝建立因果反应。

方法 3 ▶ 让宝宝躺平，用适宜的速度帮助他做蹬腿动作，就像骑自行车一样，帮助宝宝锻炼腿部肌肉。

方法 4 ▶ 在宝宝周围放一些他喜欢的玩具，鼓励他爬着去拿到它，增加宝宝的信心。

方法 5 ▶ 5—6 个月的宝宝有的已经可以利用四肢和腹部力量爬行，可以用手掌抵住宝宝的脚掌，在宝宝向前使劲的时候给他助力，帮助宝宝建立向前挪动的感觉。

0—6个月认知互动方法

方法 1	当宝宝对你笑的时候，对他做出回应，同样，可以主动地给宝宝大大的微笑，期待宝宝用同样的笑容予以回应，这是最佳的因果反应类游戏。
方法 2	每天清晨都对宝宝说“早上好”，让宝宝把你对他打招呼和新的一天联系在一起。每天晚上睡前对宝宝说“晚安”，给宝宝一个睡前信号。
方法 3	当宝宝俯卧的时候，在他面前垂直放 2—3 个柔软的积木或沙包，鼓励他用自己的方式推倒它。
方法 4	抱着宝宝走到灯的开关按钮前，通过开关的“开”“关”与灯泡的“亮”“灭”之间的关系，帮助宝宝建立因果联系。
方法 5	为宝宝提供几个具有因果关系的玩具，如摇铃、音乐盒等。
方法 6	抱着宝宝，当说完“一二三，飞起来”的口令后，轻轻地把宝宝举过头顶，反复数次，宝宝会学习预测接下来的动作。
方法 7	在宝宝试图探究玩具的时候给予适当的提问，如“宝宝你可以拿到这个玩具吗？”“怎样才能够到玩具呢？”“这个音乐盒怎样才能响呢？”
方法 8	和宝宝一起玩“吹泡泡”的游戏。在宝宝面前吹泡泡，让他观察泡泡在天空飞舞、消失的过程。
方法 9	准备一块不透明的毯子，和宝宝面对面坐在一起，当着宝宝的面把玩具放在毯子下面，观察宝宝是否会掀开毯子找玩具，如果不能，过段时间再试试。

7—9个月宝宝的发展特征

会故意做一些事情，如故意扔东西、推倒物品，会低头寻找从高处掉落的玩具。

可以将物品从一只手倒换到另一只手，还可以双手将物品捧在自己面前，两只手可以同时拿两个玩具。

大多数宝宝在这几个月会经历腹部着地旋转爬行、腹部着地匍匐爬行、腹部离地手膝交替爬行这三个爬行期。

会开始模仿周围的声音、大人的动作，甚至表情，会有意识地发出一些声音。

可以用双手做支撑，借助沙发或床边将自己由趴的姿势变为跪姿，有的宝宝甚至在八九个月时就可以由跪姿发展为扶站。

添加辅食一段时间后，有的宝宝开始不喜欢家长喂食，而是喜欢抓起软糯食物放入口中。

已经可以听懂不同语气、语调的不同意义，如果家长的语气稍加严厉，宝宝还会用哭泣表达委屈或害怕。

有了分离焦虑症，会出现认生行为。

慢慢可以开始独坐，坐着的时候可以伸手捡起地上的物品。

10—12个月宝宝的发展特征

会伸手要求爸爸妈妈抱。

宝宝的身体越来越灵活，爬得越来越快，大运动发展较好的宝宝可以扶着沙发或墙壁走几步甚至是独站了。

对节奏感强的音乐感兴趣，会跟着旋律上下左右摇晃、摆动身体。

11—12个月，有的宝宝开始会用身体语言表达需求，会摇头、摆手、拍手，但点头动作一般出现得较晚。

记忆力越来越好，对熟悉物品的摆放位置有了更长时间的记忆，能识别比较熟悉的地方和人。

会拍打球了，慢慢地，可以将球朝自己预期的方向滚过去。

进入说话萌芽期，喜欢自言自语以及模仿声音，可以说“爸爸”“妈妈”“抱抱”等简单词汇，并且会有意识地主动与人交流。

有了物权意识，东西被抢时会紧抓着不放手，还会生气、尖叫甚至哭泣。

手指越来越灵活，肢体协调性越来越好，可以自己拿勺子吃饭，用手指拿食物也更加熟练。

对重力现象感兴趣，坐在餐椅上会故意将食物扔在地上，然后低头去寻找。

7—12个月感官训练方法

方法 1	在气温适宜时多带宝宝参加户外活动，让他玩沙子、玩水、闻花香、听鸟叫，感受大自然的美好。
方法 2	将一个带音乐的玩具放在一块小毯子下面，鼓励宝宝去寻找声音来源。
方法 3	将各种豆子、铃铛、玻璃球装入空瓶，做成感官瓶，鼓励宝宝拿着瓶子来回摇晃，看物体滚动的状态。
方法 4	鼓励宝宝光着脚爬行、走路。尤其是在宝宝刚学步的时候，硬地板、软地毯、草地、水坑，这些不同质地的路面是刺激宝宝足底神经的好机会。
方法 5	煮一碗意大利面，滤干面条的水分，放凉装入碗中，鼓励宝宝把双手放在意面中揉搓，充分感受意面独有的触感，向宝宝形容这种触感。
方法 6	将画纸铺在桌子上，用胶带将画纸四周固定好，在纸上挤上专用的手指颜料，让宝宝尽情探索、感受颜料细腻的触感。
方法 7	在为宝宝添加辅食后，逐渐提供多样食材，并鼓励他们去品尝不同的味道，刺激味觉敏感度。
方法 8	为宝宝播放各种类型的音乐，和宝宝一起随着节拍做动作，激发大脑对音乐的敏感度。
方法 9	宝宝慢慢具备看书的能力，可提供给他人脸、动物以及色彩鲜艳的绘本，提高宝宝的专注力。

7—12个月语言开发方法

方法 1 ▶ 给宝宝不同材质的布料或衣服，让他们用手去感受质地，并告诉他们相对应的语言描述，如“这件衣服摸上去很软”“这件有点扎人”等。

方法 2 ▶ 给宝宝拿一个喜欢的玩具，为他描述玩具的细节，如“这个玩具是正方形的”“这个玩具有蓝色和黄色”“摇一摇，里面有小铃铛的声音”。

方法 3 ▶ 带宝宝去动物园，观察小鱼身体的构造，认识鹦鹉和小鸟羽毛的颜色，学它们喳喳叫的声音。

方法 4 ▶ 跟着音乐和旋律为宝宝唱儿歌。

方法 5 ▶ 抱着宝宝看看电脑里或墙上挂着的照片，给他讲讲照片里发生的故事，让宝宝熟悉照片上的人。

方法 6 ▶ 和宝宝一起坐在镜子面前，为他描述各种表情和与之对应的情绪。

方法 7 ▶ 教宝宝使用婴儿手语，帮助宝宝用肢体语言去表达感受。

方法 8 ▶ 当宝宝发出声音时应及时给予回应，多与他们对话。

方法 9 ▶ 用动物玩偶或手指玩偶为宝宝讲故事，和他们来一场角色扮演，体会想象类游戏的乐趣。

方法 10 ▶ 11—12 个月左右的宝宝大都可以根据大人的指示，指出身体各个部位，可以说一个身体部位让宝宝来指，或者借助绘本来玩“指指在哪里”的游戏。

7—12个月情绪与社交启蒙方法

方法 1	将宝宝抱在怀中，跟着音乐的节奏和宝宝一起跳舞，享受美好时光，建立亲子之间的亲密感和信任感。
方法 2	每次离开宝宝时都要让他知道，如果有需要，爸爸妈妈会马上出现。重新回到宝宝身边时也要热情地和他打招呼。
方法 3	用最直接的语言告诉宝宝你对他的爱，让他知道自己是独一无二的，是被爱包围的。
方法 4	和宝宝一起做鬼脸，唱有趣的歌曲，做有趣的动作，一起放声大笑，一起放松心情，帮助宝宝建立幽默感。
方法 5	将手中的玩具或食物分享给宝宝，鼓励并锻炼宝宝以同样的方式分享给他人。
方法 6	根据不同的情景，教宝宝在日常生活中使用“你好”“再见”“请”“谢谢”“对不起”等基本礼貌用语。
方法 7	让宝宝和同龄小朋友一起玩耍，在玩耍中学习如何和他人相处。
方法 8	和宝宝一起做鬼脸，一起大笑，训练宝宝面部表情控制，培养宝宝开朗的性格。
方法 9	帮助宝宝认识情绪。用语言帮助他们描述情绪，如“你很开心，所以你在笑”“你的玩具被抢了你很生气，所以你哭了”。
方法 10	当宝宝的需求在第一时间得不到满足的时候，他们通常会用大叫或哭泣的方式来表达自己的不满。试着通过一些情绪类绘本或是情景想象类游戏帮宝宝学会正确的情绪表达方式。

7—12个月身体技能提升方法

●精细类

方法 1 ▶ 当宝宝过了口欲期，不再喜欢把任何东西都往嘴里塞时，就可以开始尝试给他玩纸了。给宝宝提供不同质地的纸张（避免锋利纸张），增加宝宝的触觉感受，锻炼宝宝手指的精细能力。

方法 2 ▶ 在地上或墙上贴一些纸胶带，让宝宝用手去撕，锻炼食指与拇指的协调能力。

方法 3 ▶ 准备一个大勺子、一个盒子和一些塑料海洋球，鼓励宝宝用勺子把球一个一个地舀到盒子中。

方法 4 ▶ 宝宝 8 个月左右的时候就可以吃一些软糯的“手指”食物了，这时可以把香蕉切成小块，或者拿几个婴儿泡芙饼干摆在宝宝面前，鼓励他自己伸手去拿。宝宝会先从“整个手掌抓物”，慢慢锻炼到“三指拿物”“两指捏物”。

方法 5 ▶ 给宝宝提供一些有扣子、拉链的衣服，鼓励宝宝用手指摆弄这些衣服上的小部件（需要家长陪伴，以防止小物件脱落后被宝宝误食）。

●大运动类

方法 1 ▶ 拿一些宝宝喜欢的玩具摆在离他们稍远一点的位置，鼓励他多趴、多爬。

方法 2 ▶ 用纸箱或专用道具为宝宝建一个玩具隧道，将宝宝放于隧道一头，大人站在另一头，鼓励宝宝爬行通过隧道。

方法 3 ▶ 在墙上贴一些彩色纸胶带或彩色球，激发宝宝爬行的欲望，鼓励他们伸手去够这些物体。

方法 4 ▶ 在地上放一些高低不同的靠垫或枕头作为障碍物，站在另一头看宝宝的反应。有的宝宝会绕过障碍物，有的宝宝则会穿过障碍物爬向父母。

7—12个月认知互动方法

方法 1 ▶ 给宝宝提供一些适龄的因果反应玩具，如音乐盒、摇铃等。

方法 2 ▶ 在宝宝说话、微笑、做动作时及时给予回应，模仿他们的表情和动作。

方法 3 ▶ 将塑料袋、报纸等能发出“吱吱”摩擦声的物品塞入枕套，让宝宝用手拍一拍、揉一揉，用脚踩一踩，奇特的触感和“吱吱”的声音会让他们觉得很神奇。

方法 4 ▶ 在宝宝视线范围内吹泡泡，让他看到轻轻吹动泡泡能改变泡泡飘浮的方向。

方法 5 ▶ 在一个干净的小包里放入一些安全干净的物品，如不用的信用卡、不会伤手的小镜子、不锋利的梳子，或者其他对宝宝来说安全的物品，让宝宝去探索里面的物品，拿进拿出物品的过程会让他觉得有趣。

方法 6 ▶ 在吃饭的时候，和宝宝说说食物的气味、颜色、质地和味道。

方法 7 ▶ 找一些红色的玩具，让宝宝去触摸、观察，并告诉他这是红色。等宝宝熟悉了红色之后，再做分类游戏，让宝宝从几种颜色中找出红色。

方法 8 ▶ 当宝宝两只手都拿着玩具的时候，给他第三件玩具，观察他如何做出反应。

方法 9 ▶ 在盒子上挖一个洞，当着宝宝的面将小球放入洞中，观察宝宝如何将球从洞里拿出来。

第二部分

感官训练

感觉是人类认识世界的第一通道，丰富的感官体验对婴幼儿的影响是巨大的，它是一切认知、思维、想象及创造的基础。

这三年我为姐妹俩设计了很多感官游戏，希望帮助她们通过视觉、听觉、嗅觉、味觉以及触觉来体验周围环境。感官游戏不同于玩一般的电声类玩具，它更为开放、天然，有无限的玩法。在玩的过程中也没有限制和对错，旨在通过让孩子触摸不同的物品、聆听不同的声响、辨别不同的色彩、轻闻不同的味道、品尝不同的滋味，调动身体各个感官的敏感度。

感官游戏除了能够发展感官，还有利于锻炼宝宝的语言描述能力，提高词汇量，如冰可以是白色的也可以是彩色的，大海可以是平静的也可以是激荡的，苹果可以是酸的也可以是甜的，感官越丰富，对世界的认知就越全面。感官游戏还能刺激宝宝的大脑发育，帮助他们认识世界，获得更多的专注力。

01

镜子里的宝宝

适合年龄　2 个月以上

参照宝宝　哈哈（3 个月）

所需材料　镜子

游戏目的　促进视觉和触觉发展，帮助宝宝建立与周围事物的联系，发展自我意识

游戏过程与心得

宝宝对于人脸有天生的偏好，所以当他们照镜子的时候，会自然而然地被镜子里的自己吸引，通过照镜子认识自己，观察自己的表情和动作。

哈哈特别喜欢照镜子，每次照镜子都能趴很久，她喜欢对着镜子伸舌头做鬼脸，好奇地去触碰镜子里的自己。我也喜欢抱着她坐在镜子面前，对着镜子和她说说她的五官以及身体各部位都在哪里。与镜子里的自己“交往”，也是为以后建造良好的人际关系做铺垫。

/ 小提示 /

为了保证安全，可以选择不失真的塑料镜子，镜面不能有破损，以免划伤宝宝。

02

头顶的彩色绒毛球

适合年龄　3 个月以上

参照宝宝　哈哈（3 个半月）

所需材料　彩色绒毛球或其他彩色挂件

游戏目的　锻炼宝宝的追视能力，提高视觉敏感度，帮助宝宝认识色彩，锻炼伸手够物的能力

游戏过程与心得

0—3 个月的宝宝平躺的时间比较多，整日面对天花板很单调，父母可以把彩色绒毛球用针线串在一起，挂在宝宝小床的上方，让宝宝一睁眼就能看见，鲜亮的色彩更容易吸引宝宝的注意力。

我轻轻拨动小球，哈哈的眼睛便会跟着小球摆动的轨迹而转动，我指着每一个小球依次告诉她颜色（这是红色的，这是黄色的）和触感（捏起来软软的、毛茸茸的），她咿咿呀呀好似在向我回应。我鼓励她伸手去够小球，她双手双脚齐上阵，玩得不亦乐乎，对视觉与体能来说都是一种锻炼。

/ 小提示 /

可用其他材质的彩色挂件替代绒毛球，尽量选择质地轻薄的挂件，挂在宝宝伸手能碰到的地方，避免因挂的位置太低而被扯下。

03

会飘浮的彩色气球

适合年龄　3 个月以上

参照宝宝　哈哈（4 个月）

所需材料　氦气气球

游戏目的　锻炼宝宝的追视能力，提高其运动能力

游戏过程与心得

气球是常见的早教玩具之一。家长可以找两个颜色鲜艳的铝膜氦气气球，在宝宝平躺的时候将气球置于其上方，让气球绳自然垂落于宝宝手边，宝宝的手一碰到气球绳，气球就会微微飘动。

当宝宝俯卧的时候，将气球绳缩短，置于宝宝正前方，鲜艳的颜色会引起他强烈的兴趣，可以帮助宝宝练习抬头技能。

我与哈哈做这一游戏时，她不经意间抓住了气球绳并不断拉拽，气球摆动的幅度更大了，这种反应让哈哈兴奋极了，她的眼睛甚至小脑袋都在追寻着摆动的气球。

/ 小提示 /

市面上常见的气球分为氢气球和氦气球，氢气球易爆炸燃烧，有安全隐患，所以为了安全起见，需要购买铝膜的氦气球。

不要单独把气球留给宝宝，以防气球绳缠绕住宝宝的身体。

04

视觉训练卡片

适合年龄　3个月以上

参照宝宝　哈哈（4个月）

所需材料　黑白卡、彩色视觉卡片

游戏目的　刺激宝宝视觉的发展，增强宝宝对物体轮廓的辨识能力，感知物体形状、颜色，发展形象思维，练习抬头

游戏过程与心得

新生儿只能辨别黑、白、灰三种颜色，直到三四个月大时，他们才能逐渐分辨彩色，他们偏爱红、橙、黄等暖色，喜欢明亮的颜色胜于暗淡的颜色。

我在哈哈0—3个月的时候让她看黑白卡片，在她还不会翻身的时候，把卡片举在她的面前吸引她的注意力，缓慢地左右移动卡片，锻炼她的追视能力。哈哈3个月后，我找来许多彩色卡片，在她俯卧的时候放在她的面前，为她介绍卡片上的颜色、动物和形状。

/ 小提示 /

可以将卡片挂在房间的各个角落，让宝宝在喝奶、吃饭、玩耍时都可以看得到。

05

做一本感官书

适合年龄　3个月以上

参照宝宝　哈哈（5个月）

所需材料　各种手感的布料、绒毛球、彩色纽扣、羽毛、海绵、玉米叶、贝壳等

游戏目的　促进视力、听力、触觉等感官系统的综合发展，锻炼精细动作、语言能力

游戏过程与心得

有没有一个“全能型”玩具，可以让宝宝的感官得到全面的刺激与锻炼呢？最简单的办法就是做一本集视觉、听觉、触觉锻炼于一体的感官书。

/ 小提示 /

所有材料均需用强力胶水或胶枪粘在活页本上，以免小物件脱落后被宝宝误食。

感官书的制作可以用身边最常见的材料，做法简单，成本低。不会坐的宝宝也可以趴着玩，他们可以用手去感受材质的软硬，用眼睛去分辨不同的颜色，用耳朵去聆听物体间的摩擦声。

当年我给哈哈的姐姐做的感官书，现在她也可以用到。姐妹俩的喜好一致，都对彩色绒毛球和彩色纽扣那两页格外钟情。

06

惊喜袜子

适合年龄　5 个月以上

参照宝宝　哈哈（5 个半月）

所需材料　袜子、颜色鲜亮的绒毛球、铃铛、彩色丝带

游戏目的　增强宝宝触觉和视觉的感知力，锻炼宝宝抬腿、伸手等伸展动作，增强其肢体灵活性

游戏过程与心得

5 个月大的宝宝，身体越发灵活，翻身已不在话下，够物也驾轻就熟，还喜欢啃自己的小脚丫，这个时候如果能做一些小道具放在他们的脚上，肯定能引起他们的兴趣。

我在哈哈的袜子上缝上了颜色鲜亮的绒毛球，带响声的小猴子、布铃铛和彩色丝带。在她平躺或换尿布的时候为她戴上，并给她描述袜子的样子和颜色。这一玩法能鼓励宝宝锻炼抬腿、伸手等伸展动作，增强肢体灵活性。

/ 小提示 /

袜子上的小物件要缝牢固，以免被宝宝扯掉后误食。

07

多样感官袋

适合年龄　6 个月以上

参照宝宝　哈哈（6 个半月）

所需材料　质量好的储物袋、海洋宝宝、豆子、棉花糖、水彩颜料、果冻、婴儿油、水等

游戏目的　促进宝宝感官的全面发展

/ 小提示 /

为了达到理想的效果，在感官袋制作过程中要尽量挤出里面的空气。用来做感官袋的食品储物袋也需要选择质量好一点的，以免袋子被划破后里边的小物件漏出来被宝宝误食。

游戏过程与心得

口欲期的小宝宝什么都往嘴里放，手的灵活性也逐渐被唤醒，开始喜欢用手来感知这个世界：看到衣服上的布标签，就去摸一摸、拽一拽；拿到食物，就去揉一揉、捏一捏；听到带声响的摇铃，也忍不住伸手摇晃；就连地上一根细小的头发，也会试着捡起来细细观察。但是很多物体太小，有误食的危险。因此，我制作了许多感官袋，感官袋耗时少、成本低、不怕脏，也不会被宝宝误食。

▲宝宝油感官袋：在袋子里装入宝宝油，在油中滴入食用色素。静置一段时间，油水会分离，袋子里会呈现出不同颜色的水滴，发展宝宝的视觉。

▲豆子棉花糖感官袋：在袋子中放入豆子和棉花糖，让宝宝感受物体的软硬，学会辨别白色和红色。

▲颜料感官袋：在袋子中装入不同颜色的液体颜料，让宝宝通过揉捏推挤感受不同颜色的颜料混合在一起的视觉效果。

▲果冻感官袋：提前将买好或自制的果冻放入冰箱，几小时后拿出，放入食品储物袋，让宝宝自己用手和身体去压碎果冻，隔着袋子感受冰凉柔软的触感。

08

声音颜色感官瓶

适合年龄　会坐的宝宝

参照宝宝　哈哈（7 个月）、麦麦（1 岁）

所需材料　透明的空瓶，各类能发出响声的、带色彩的小物品，如豆子

游戏目的　促进宝宝的感官发展，锻炼其手腕力量

/ 小提示 /

可以用来做声音感官瓶的材料有很多，如路边的石子、厨房柜子里的花椒、零食柜里的花生米等，所选的材料最好是彩色的。瓶盖要拧紧，以防小物件掉出来被宝宝误食。

游戏过程与心得

我用空的饮料瓶装上通心粉、豆子、蝴蝶面、玻璃球等各种物品给宝宝做了几个感官瓶。

不同重量的瓶子需要不同的手腕力量，不同物体与瓶子相互碰撞会发出不一样的声响。瓶子不大，用一只小手也能抓得起来，在瓶子摇晃的过程中，既满足了宝宝对声音的好奇，也便于他们观察物体在瓶中流动的状态。

麦麦玩这个游戏的时候已经将近 1 岁，她特别喜欢双手拿着瓶子来回摇晃，看豆子的运动状态，现在 7 个月的哈哈坐得还不太稳，更喜欢趴着伸手去够瓶子，用一只手推着小瓶子滚来滚去。

之后我又按类似的方法给她做了一些色彩感官瓶，便于她观察不同事物在水中流动或静止的状态。

09

画一幅手指画

适合年龄　度过口欲期的宝宝

参照宝宝　麦麦（12 个月）

所需材料　手指颜料、胶带、画纸

游戏目的　通过感受颜料的质地刺激宝宝的触觉发展

游戏过程与心得

手指是孩子的第一支笔，用手指或手掌来涂鸦是孩子的天性。将画纸铺在桌子上，用胶带将四周固定好，在画纸上挤上专用的手指颜料，让宝宝尽情探索、感受颜料细腻的触感。物品的手感越独特，就越能刺激宝宝大脑发育，让他们认识世界，更加专注。

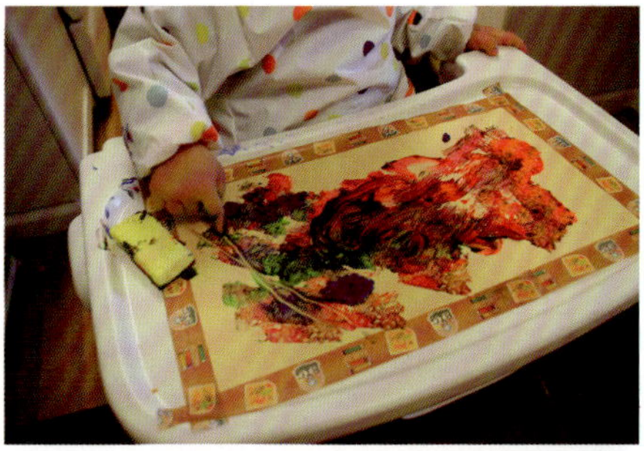

麦麦用手掌拍打、按压画纸，还用手指尖画出了一条条粗细不等的线条，甚至还像抹润肤油那样将颜料抹满了整个手掌，她看着自己涂满手和纸的颜料，乐不可支。

/ 小提示 /

画画时可将纸张的四边用胶带固定在桌子上，既能防止纸张被宝宝撕掉，又能方便家长迅速收拾“残局”。

10

多样的食材

适合年龄　度过口欲期的宝宝

参照宝宝　麦麦（13 个月）

所需材料　玻璃盆、红豆、大米、空心粉、蝴蝶面、莲子、黑豆等

游戏目的　刺激宝宝的触觉发展，锻炼宝宝的精细动作能力

游戏过程与心得

在一个玻璃盆中放入红豆、大米、空心粉、蝴蝶面、莲子、黑豆等不同大小和颜色的食材。不同食材有不同的触感，宝宝通过拿捏还可以锻炼手指的精细能力。

把装食材的碗放在比较高的台子上，确保宝宝自己够不到。每次抱着麦麦时，只要她看到装食材的碗，就会用手指着碗，示意我帮她拿下来。这个游戏是麦麦喜欢的游戏之一，而且制作过程也很简单，成本低、耗时少，性价比很高。

/ 小提示 /

豆子、莲子等细小颗粒容易被宝宝误食，不能让口欲期的宝宝玩，过了口欲期的宝宝玩此游戏也需要在大人的监督下进行。

11

颜色初体验

适合年龄　1 岁以上

参照宝宝　麦麦（13 个月）

所需材料　相同颜色的不同物体

游戏目的　通过认识颜色增强宝宝的色彩识别能力

游戏过程与心得

宝宝从 3—4 个月就能分辨色彩，其中红色特别能引起他的注意。为了让宝宝正确说出他所看到的色彩，可以从单一颜色入手。

我找来不同形状的红色积木拿给麦麦，让她去触摸、观察，并告诉她这是红色，等她熟悉了红色之后，再和她做分类游戏，让她从几种颜色中找出红色。

/ 小提示 /

教宝宝认颜色的时候尽量用最简单的词语去描述，如用“这是红色”来替代“你看，这个车子是红色的”。

12

会漂浮的海洋球

适合年龄　1岁以上

参照宝宝　麦麦（14个月）

所需材料　海洋球

游戏目的　刺激感官，让宝宝感受水的浮力，增强颜色识别能力

游戏过程与心得

宝宝都喜欢玩水，水是最普通却最有魔力的道具，能充分刺激宝宝的感官。不妨用一些可漂浮的海洋球，给宝宝建造一个会漂浮的“游乐场”。

在麦麦洗澡时，我往水里放了一些她喜欢的海洋球，她每次都玩得入神，用力把海洋球按到水里，然后看着它们一个个从水里弹出来，“咯咯咯”地笑。

五颜六色的海洋球也是帮助宝宝识别颜色的好道具，每当我说：“麦麦，把红色的球给妈妈”，她就会马上抓一个红球递给我。有时候，她还会将海洋球扔到水里看溅起的水花，扔到墙上看反弹的弧线。

/ 小提示 /

宝宝在澡盆中玩水时，需要家长全程陪同。

13

感知挤压球

适合年龄	1 岁以上
参照宝宝	麦麦（14 个月）
所需材料	气球、米粉、面粉、黄豆、石头、大米、水、乳液
游戏目的	促进宝宝手部触觉发展，增强认知能力，提高记忆力

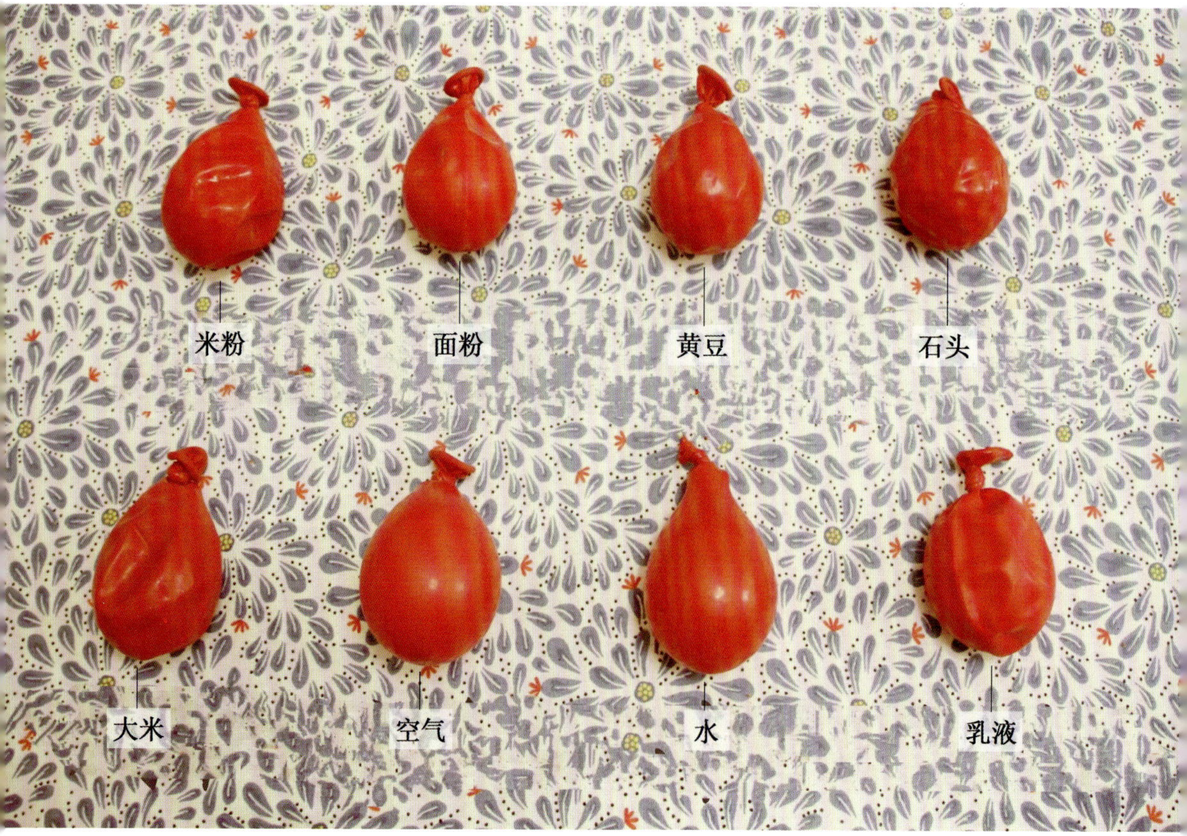

/ 小提示 /

1.漏斗有助于将物品放入气球。

2.刚开始玩这个游戏时，建议选择颜色一样的气球，以免分散宝宝注意力。

3.为达到更好的效果，放入物体后需要将气球里多余的气体排出。

4.不要将没有充气或没放物品的气球给宝宝，即使安全度过口欲期的宝宝也不行，避免造成误食。

5.尽量选择加厚的气球，不容易破损，或者把两个气球套到一起。谨防买到劣质橡胶做成的气球，硫化物会影响宝宝健康。

游戏过程与心得

将不同材质的物品装入气球即可做成“感知挤压球”(Squishy ball)，让宝宝去挤压并感知。

我把能想到的各种物体都放进了气球，对于认知能力有限的麦麦来说，每一个挤压球都藏着一个她以前没触碰过的新世界。米粉的软糯、面粉的紧实、豆子的坚硬、乳液的丝滑、水的游离、空气的捉摸不透……把这些普通的物品放入气球，它们就变得不再容易被识别。麦麦用力挤压每个气球，每个气球的手感都不一样，在挤压过程中她经常露出疑惑的表情。

也有人将这种球称为“压力球”(Stress ball)，不是物理学上的意义，而是指此球有缓解压力的作用。将一种特殊的胶状物质注入球中，用手掌使劲挤压球，然后释放。如此循环反复，压力就会不自觉地转移到这个球上。

14

剃须膏感官体验

适合年龄	2岁以上
参照宝宝	麦麦（2岁1个月）
所需材料	剃须膏、勺子
游戏目的	通过体会剃须膏的触感激发宝宝的创造力与想象力

游戏过程与心得

剃须膏是常用的感官训练材料，手感类似于打发的蛋白和奶油。在游戏时，鼓励宝宝将手放入剃须膏中，相互揉搓、挤压，感受剃须膏特有的质感。

很多宝宝一开始对这种柔滑质地的物品比较排斥，不愿意去触碰。我的做法是借助辅助工具或玩具，引导宝宝逐步接受。我在剃须膏里放入了一些麦麦喜欢的彩色海洋球，还给了她一把勺子。利用这些辅助工具帮助宝宝做心理建设，她很快就接受了这个新玩具，并且玩得不亦乐乎。

/ 小提示 /

如果宝宝不喜欢剃须膏的气味，可以用打发的蛋白或奶油替代。

15

足底按摩

适合年龄　2 岁以上

参照宝宝　麦麦（2 岁 2 个月）

所需材料　泡发的海洋宝宝，小盆

游戏目的　刺激宝宝脚部丰富的触觉神经，促进其感官和大脑发育

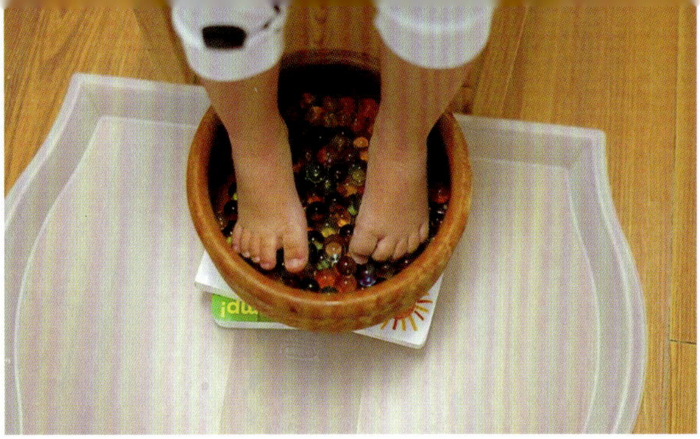

游戏过程与心得

宝宝的脚和手都需要通过不同质地、不同温度、不同软硬的物品来刺激触觉，促进感官和大脑发育，建立更加完整的认知。最简单的方法就是鼓励宝宝光着脚走路，尤其是在宝宝刚学步的时候，走硬地板、软地毯、草地、水坑等，都是刺激宝宝触觉的好机会。

在家时，还可以尝试将玻璃球、鹅卵石、棉花糖、豆子、塑料泡沫、意大利面等生活中的常见物品放到宝宝足底，鼓励他们多用小脚丫去感受不同物品的质地。对于不能独站的宝宝，可以让他们坐在健身架或跳跳椅上，在他们脚下放一盆水来刺激他们的脚底触觉。

/ 小提示 /

如果怕场面不受控，可以把小盆搬到浴室或室外。

16

为农场小动物们洗澡

适合年龄　2岁以上

参照宝宝　麦麦（2岁2个月）

所需材料　婴儿米粉、刷子、水、碗

游戏目的　通过“米粉泥巴”的触感激发宝宝的创造力与想象力

游戏过程与心得

将没吃完的米粉与水混合搅拌在一起，可以制作出独特的“米粉泥巴”，质地和颜色都与泥巴非常相像。

“米粉泥巴”做好后，我鼓励麦麦把手伸到泥巴里面捏一捏，抓一抓，感受泥巴的质地，并鼓励她说出自己的感觉，她用有点嫌弃的语气告诉我“黏黏的，有点凉”。

另外，还可以用“米粉泥巴”来做情景想象类游戏，比如，麦麦会给每个沾满泥巴的小动物清洗身体。

/ 小提示 /

除“米粉泥巴”外，还可以用面粉、意大利面、动力沙、泥巴来做道具。

17

阳台上的挖土车

适合年龄　2岁以上

参照宝宝　麦麦（2岁3个月）

所需材料　动力沙、大托盘

游戏目的　全面开发宝宝感官，锻炼精细能力，激发创造力和想象力

游戏过程与心得

没有一个宝宝可以抵抗沙子的魅力，玩沙子没有固定的模式，怎么玩儿完全取决于宝宝的想象力和创造力。如果遇到阴雨天气没法出门，家长可以把动力沙倒在塑料盆里，让宝宝自己挑选几个挖沙的玩具，在阳台上玩个够。

“动力沙”是一种很好的感官玩具，有一定的黏性，放在模具里或用手稍微用力便可成型，手感介于细沙和橡皮泥之间，且相对干净。玩沙子可以让宝宝的感官得到充分刺激，帮其学会用沙子练习挖、舀、插、倒等精细类动作。在此过程中我们还会一起玩搭建类、塑形类、语言类游戏，可谓是一举多得。

/ 小提示 /

动力沙不需要特别保存，只需要盖好盖子置于阴凉处即可。

18

味觉大发现

适合年龄　2岁以上
参照宝宝　麦麦（2岁7个月）
所需材料　不同口味的食物、盘子
游戏目的　训练宝宝的味觉敏感性，锻炼其语言能力

游戏过程与心得

宝宝的味觉发展也有关键期，要使味觉得到良好的发育，最简单的办法就是在宝宝6个月添加辅食的时候，有目的地提供多样食材，并鼓励他去品尝不同味道的食物。宝宝有了对各种食物的品尝体验，自然就拥有了多样化的味觉，也更乐于接受各种食物。

我从冰箱里找出酸、甜、苦、辣、咸五种口味的代表食物，分别放在盘子

里，从左到右依次为：奶酪（咸）、虾条（咸）、胡椒（苦）、鱿鱼丝（辣）、辣椒酱（辣）、柠檬（酸）、棉花糖（甜）和蜂蜜（甜）。我鼓励麦麦自己选择想要品尝的食物，并让她描述每一种食物的味道（甜的、咸的或辣的）及口感（硬的、软的或黏的）。事实证明，她最爱吃甜甜的蜂蜜，一股脑儿吃了个精光。

这样的味觉体验小游戏，不仅可以刺激宝宝的味觉发育，还可以锻炼他们的语言表达能力。

/ 小提示 /

还可以根据质地、颜色等特征对食物做分类。

19

色彩配对游戏

适合年龄　2 岁以上

参照宝宝　麦麦（2 岁 7 个月）

所需材料　彩色夹子、彩笔、纸壳

游戏目的　促进宝宝的视觉发育，增强宝宝对色彩的兴趣和辨识能力

游戏过程与心得

准备一张硬纸壳和一些彩色晾衣夹，用彩笔在纸壳上画上生活中常见的一些颜色，并在纸壳的两面分别标注中文和英文。让宝宝将不同颜色的夹子和纸壳上的彩色色块一一对应起来。

配对的过程可以培养宝宝对颜色的识别能力，把夹子夹到纸壳的过程也可以锻炼宝宝手指的精细能力，所有锻炼的技能都可以为之后的书写、涂色和绘画做准备。

/ 小提示 /

还可以适当增加难度，制作更多深浅不一、颜色相近的卡片，让宝宝进行配对，看他能否看出颜色之间细微的差别。

第三部分

精细能力与大运动发展

麦麦比预产期早了几周出生，出生时体重也比同龄的宝宝轻了不少，依照医生的经验来看，麦麦在 1 岁之前，大动作和精细类动作很有可能会比同龄宝宝稍微慢 1—2 个月。所以在最初的两年，我很重视对她身体技能的训练，其中主要包括大运动以及精细类身体运动。

在她不会走路之前，我鼓励她通过多趴锻炼头部及颈部力量，通过多爬锻炼身体协调性，增强身体运动能力。等到她可以独自行走以后，我们增加了户外活动的时间，让麦麦尽情去奔跑，锻炼体能。

在室内活动时，我则把重心放在她精细能力的发展上。我设计了很多精细类游戏，并借助螺丝、剪刀、滴管、胶带、勺子等游戏道具，训练她手的灵活性及手眼的协调性。精细能力的训练有利于宝宝的感官发展，提升他们的专注力以及解决问题的能力。

01

彩带抽拉罐

适合年龄	6 个月以上
参照宝宝	哈哈（7 个月）
所需材料	彩带、带软盖子的奶粉盒、打孔机
游戏目的	让宝宝了解空间关系，练习抽拉的动作，观察彩带色彩

/ 小提示 /

1 岁以内的宝宝大多还在口欲期，很可能会把拉出来的彩带放进嘴里，所以要选择干净的绸带，并将两端打结。

游戏过程与心得

6 个月以上的宝宝几乎是见线就拽，见到按钮就去按，这说明宝宝在探索事物的因果关系及空间关系。一个简单的彩色瓶子，就可以满足宝宝更多的探索欲。用打孔机在空的奶粉罐盖子上打多个孔，然后穿入彩带，两端各打一个结，盖好盖子，把彩带的一小部分露在外面。一个彩色抽拉罐就做成了。

哈哈看到以后，会立刻朝罐子爬过去。我帮她扶着罐子，她伸手拉彩带，好奇地看着罐子里的彩带越拉越长。拉彩带可以让宝宝感受物体从“里面”到“外面”的空间变化。

对于还不会坐的宝宝，拉彩带可以锻炼手臂的支撑力及抽拉能力，也利于宝宝观察彩带的色彩，感受彩带的质感。宝宝会坐以后，就可以一手扶着瓶子，一手做抽拉彩带的动作了，有助于培养身体的协调性。

02

撕纸游戏

适合年龄　坐得比较稳的宝宝

参照宝宝　麦麦（11 个月）

所需材料　不同材质且易撕的纸

游戏目的　锻炼宝宝的手指精细能力，让宝宝感受不同材料的质地

游戏过程与心得

这一阶段的宝宝四肢越来越灵活。他们的手部动作渐趋精细，基本具备手眼协调的能力，很多宝宝不约而同地出现了同一爱好——撕纸。

麦麦也不例外，当她的小手指变得越发灵活的时候，撕纸成了她的最大爱好。她喜欢撕卫生纸、彩色包装纸、废旧杂志等一切可以撕得开的物品，只要不撕书，不过度浪费，我都满足她。她常常专注地把一张大纸慢慢撕成一条条，再慢慢撕成一块块，捏在手中细细观察。

只要是过了口欲期，不再喜欢往嘴里塞东西的宝宝，就可以开始尝试玩纸了。卫生纸、彩色包装纸、砂纸、废旧的杂志纸都可以拿给宝宝去撕。不同质地的纸手感和软硬程度不一样，而且撕起来还会发出不同的声响，是对精细能力与感官的双重锻炼。

/ 小提示 /

尽量避免给宝宝提供油墨较多的报纸。

03

叮当落下的小球

适合年龄　1 岁以上（度过口欲期的宝宝）

参照宝宝　麦麦（1 岁 2 个月）

所需材料　玻璃瓶、玻璃球（或其他材质的小球）

游戏目的　锻炼宝宝的手眼协调力及专注力

游戏过程与心得

宝宝用手抓物有一个发展过程，通常为从用手掌抓物，慢慢变为三指抓物，通过练习发展为二指捏物。食指和拇指的灵活配合标志着宝宝能做更多精细类的动作了。

麦麦很喜欢玻璃弹珠，所以在她口欲期过后，我制作了很多弹珠小游戏。不同于塑料、绒布等材质，玻璃的手感和视觉效果，以及玻璃球和玻璃杯相互碰撞所发出的声音，让麦麦更加好奇。在这类游戏中，她反复做着相同的投放动作，还时不时停下来透过玻璃杯往里看，双手捧杯大力摇晃。

投掷玻璃球是锻炼手眼协调的一种有效方法。宝宝练习用食指和拇指抓细小物品的过程，无形中也锻炼了手眼协调力及专注力。

/ 小提示 /

口欲期的宝宝要在家长陪同下做这类游戏。应确保玻璃品的安全。

04

勇闯“盘丝洞”

适合年龄　1 岁以上

参照宝宝　麦麦（1 岁 3 个月）

所需材料　带洞的洗衣筐、毛线、玩具

游戏目的　锻炼宝宝的手指精细能力以及解决问题的能力

游戏过程与心得

在筐子里放入各种玩具，再用毛线随意缠绕成网，让宝宝从中取出玩具。让宝宝从框子里面拿东西容易，但若遇到了重重阻碍，他们还能顺利拿出东西吗？小号玩具和大号玩具哪个更容易拿出来？玩具被毛线卡住了，是生拉硬拽还是变换角度利用巧劲儿？是一只手更容易取出玩具还是双手合作更有效率？这些小问题都可以推动宝宝去独立思考，也让他们学会更加灵活地使用自己的手。

/ 小提示 /

要选柔软材质的毛线，以免划伤宝宝的手指。

05

见缝插针，无孔不入

适合年龄　1岁以上

参照宝宝　麦麦（1岁7个月）

所需材料　奶粉罐、打孔机、玩具钉、扑克、木棍等

游戏目的　锻炼宝宝的手眼协调能力和手指精细能力

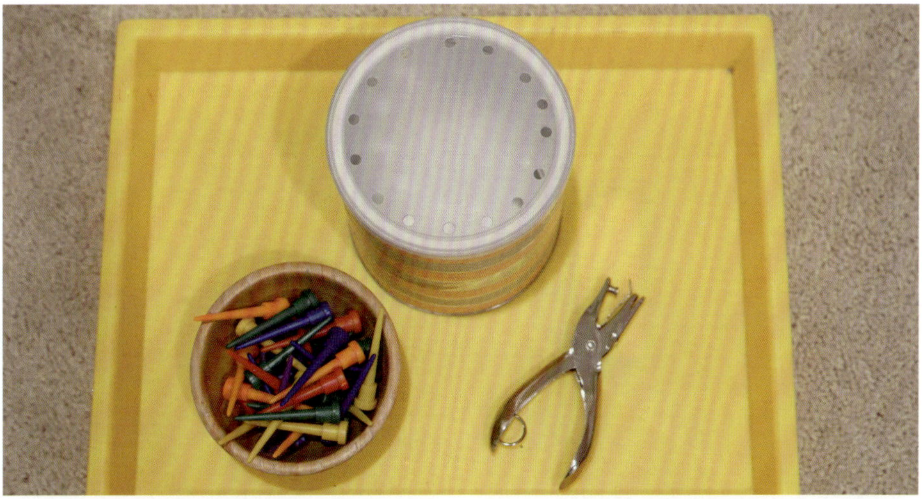

游戏过程与心得

1 岁左右的宝宝处于手部发展的敏感期，对空间也有了基本的概念，他们开始探索物体间的对应关系，如盖盖子、插吸管、盖笔帽、开关抽屉等。如果宝宝正在经历类似的阶段，那就趁热打铁，给他们提供一些匹配类、插放类的游戏吧。

我用打孔机在废旧奶罐的盖子上打了很多孔，一个最简单的手部精细类游戏道具就做好了。家长不需要向宝宝演示玩具的玩法，奇特的本能会让她们自动拿起物品去填满小洞，完成插放步骤。

1 岁半以前，宝宝的手眼协调能力有限，可以提供一些材质较硬，更利于宝宝手部拿捏的道具，如玩具钉、小木棍、硬纸片等。在经过不断的练习后，可以尝试给宝宝提供较软、较长，甚至需要两只手合作才能完成插放的道具，如吸管、毛根等。

/ 小提示 /

还在口欲期的宝宝要在家长的监督下玩此类游戏，不玩时，游戏道具也要放在宝宝自己打不开的储藏盒里，避免发生危险。

06

感知挤压吸水海绵

适合年龄　1岁半以上

参照宝宝　麦麦（1岁9个月）

所需材料　厨房吸水纸、化妆棉、棉花球、厨房清洁海绵、一盆水

游戏目的　让宝宝感受不同材质物品的吸水性，练习手部挤压海绵的动作，锻炼手部抓握能力

游戏过程与心得

海绵和水都是很好的感官材料，两者组合在一起还能锻炼宝宝手部的抓握能力。

麦麦用一只手把浸泡后的湿海绵拿了出来，顿时感觉到了海绵的重量变化。刚开始，她试图用一只手挤水，后来觉得不过瘾，索性两只手齐上阵，并且慢慢找到了其中的因果关系，沉浸在“挤压—观察水流—浸入水中—拿起—挤压”的循环中。这个游戏不仅可以锻炼宝宝小手的抓握能力，还能让宝宝感受到海绵吸水后的重量变化。

/ 小提示 /

鼓励宝宝用海绵吸水，然后再挤压到另一个容器里，直到把容器装满水，以此锻炼宝宝的专注力。

07

舀豆子

适合年龄　1 岁半以上

参照宝宝　麦麦（2 岁）

所需材料　勺子、碗、豆子

游戏目的　锻炼宝宝的手眼协调能力，让宝宝练习如何熟练地使用勺子，提高生活技能

游戏过程与心得

练习使用勺子，最直接最简单的办法就是让宝宝自己吃饭。初次使用勺子的宝宝手眼协调能力较弱，经常舀不起来食物，可以先帮宝宝舀好食物，然后将勺子递给他。他会小心翼翼地把勺子往自己的嘴巴送，头往前一伸，嘴巴一张，慢慢地就会吃到食物。

舀豆子、舀海洋球等游戏也可以作为辅助练习，让宝宝用勺子将物品从一个容器中转移到另一个容器中。

练习使用勺子可以加大宝宝使用自己双手的频率，提高手指的精细能力和手眼协调力，这些能力的提高对宝宝日后自主进食和练习写字也有所帮助。

/ 小提示 /

如果害怕宝宝在游戏中误食，可以将豆子替换成其他可以吃的食物，如麦圈、麦片、爆米花等。

08

木头水果切切切

适合年龄　2岁以上

参照宝宝　麦麦（2岁2个月）

所需材料　木质水果玩具、木质刀具

游戏目的　让宝宝练习“切”的动作，锻炼手腕力量，学习水果的名称和形态

/ 小提示 /

“切”的动作驾轻就熟以后，可以让宝宝试着切真的水果，体会切割食物时的感觉。

游戏过程与心得

准备一套木质水果玩具，让宝宝在抓扯、切开的过程中锻炼手腕力量。

麦麦从很小就开始玩木质水果玩具，起初我拿着玩具和她玩拔河游戏，锻炼她手指、手腕的力量。慢慢地，她可以用自己一只手抓起一块积木，并试图用另一只手把它撕扯开。后来，她可以在我的协助下用配套的木头刀具完成切割动作。

2 岁的宝宝大多可以独立完成切割过程，并且能够在练习中感受手部的力度，学习各种水果的名称、颜色和形态。

09

串珠子

适合年龄　2岁以上

参照宝宝　麦麦（2岁4个月）

所需材料　细绳或鞋带、带孔珠子、吸管

游戏目的　通过串珠子的动作，锻炼宝宝的双手协调能力和手指精细能力

游戏过程与心得

串珠子游戏对于宝宝来说有一定的难度，需要他一手拿线一手拿珠子，对拇指与食指的捏合能力有一定要求。

/ 小提示 /

还可以用毛根把小珠子或剪成小段的彩色吸管串起来，制作成好看的手链。

游戏初期可以选择洞口较大的珠子。麦麦不到 2 岁时我们尝试过这个游戏，那时候她可以拿珠子对准绳头，但不会将绳穿过珠子。于是我帮她拿着珠子，她只需要完成拿绳、对准洞口的动作即可。

麦麦 2 岁后，精细能力有了提高，可以一只手穿绳，另一只手配合着将绳子从洞口拉出来，慢慢地，像吸管洞这样比较小的洞也可以轻松穿过了。这个游戏还可以帮助孩子认识事物之间的关系，如孔的大小和吸管的粗细等。

10

螺丝钉与螺丝帽

适合年龄	2岁以上
参照宝宝	麦麦（2岁5个月）
所需材料	不同尺寸且配套的螺丝钉与螺丝帽
游戏目的	锻炼宝宝的手指精细能力，培养其观察力及问题解决能力

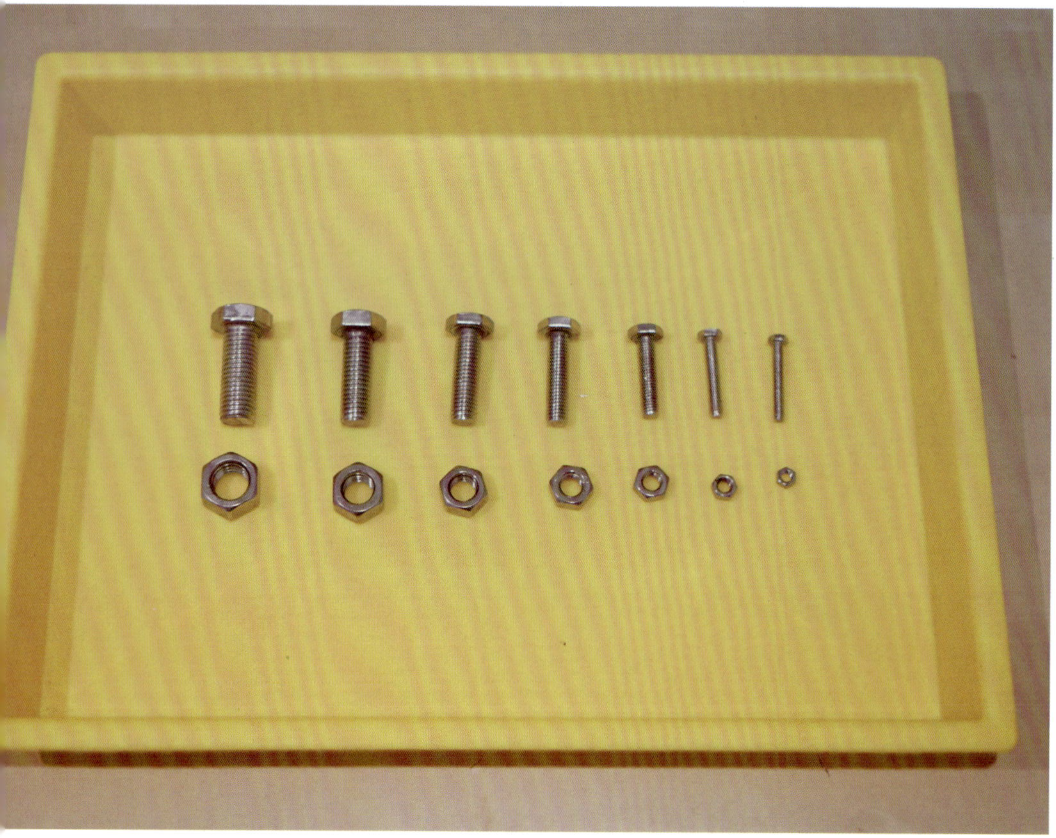

游戏过程与心得

找来不同尺寸的螺丝钉和配套的螺丝帽，让宝宝不仅要将螺丝帽拧进或拧出螺丝钉，还要在所有螺丝钉与螺丝帽打乱的情况下对它们进行搭配。拧螺丝不仅可以锻炼宝宝食指与拇指的捏和能力与灵活程度，也是一个考验耐力的过程。

为了降低游戏难度，增强麦麦的自信心，我提前将螺丝帽与螺丝钉配好对。我们一起学习“螺丝帽”“螺丝钉”等名词，“转”与“拧”等动词和“向里”“向外”等方位词，一起感受力的方向，探索不同的拧法。麦麦试了几次就找到了规律，知道如何把螺丝钉拧进去和拧出来。拧出来这个动作对她来说更容易一些。

/ 小提示 /

大一些的宝宝可以尝试在螺丝钉与螺丝帽打乱的情况下对它们进行配对。游戏需要在家长的陪伴下进行，以防宝宝误食。还需要告知宝宝不可以在走路或跑步时拿着螺丝钉，以免发生危险。

11

疯狂泡泡毯

适合年龄　2 岁以上

参照宝宝　麦麦（2 岁 6 个月）

所需材料　泡泡包装膜

游戏目的　丰富宝宝的触觉体验，锻炼体能

游戏过程与心得

宝宝对于一切和“泡泡”有关的事物都难以抗拒，看到泡泡就想去戳破。对于不同年龄的宝宝来说，泡泡的玩法也可以很多变。比如，让正处于爬行期

/ 小提示 /

要选择没有超标化学物质等质量过关的气泡膜。

的宝宝趴在气泡膜做成的地面上，用手臂、手掌和手指去感受泡泡，好奇心会促使他们不断地去拍打气泡，可以延长他们趴的时间，有助于锻炼宝宝爬行和俯卧的能力。

有一次，我收到的包裹里附带着一条好几米长的气泡膜，我把它铺在地面上，做成一条跑道，让麦麦光着脚丫踩在上面。一开始，她小心翼翼地感受着每一个塑料泡泡在脚底发出“砰砰”的爆破声，后来越踩越上瘾，在上边跑来跑去，释放了体能。

12

一起做瑜伽

适合年龄　2岁以上

参照宝宝　麦麦（2岁6个月）

所需材料　瑜伽垫、舒适的运动衣

游戏目的　训练宝宝的肢体协调性，锻炼其模仿能力，提高其专注力

游戏过程与心得

瑜伽并不只是成人运动，它对于释放宝宝的体力也很有帮助。瑜伽运动会提高宝宝的专注力，对于一些不太爱动，又喜欢长时间保持一个姿势的宝宝来说，瑜伽能舒展筋骨，利于宝宝的骨骼生长。

我家附近的科技馆经常举办关于宝宝的主题活动，麦麦很喜欢其中的瑜伽主题，瑜伽缓慢的节奏让她心里很放松，接受程度更高。

瑜伽运动还是很好的亲子互动游戏。我们互相模仿对方的动作，结果发现我的柔韧性远远不如麦麦。

/ 小提示 /

对于宝宝来说，练习瑜伽动作以参与和感受为主，不必苛求动作的精准，宝宝的模仿力、平衡力以及柔韧性都有限，学习动作时需要家长陪同。

13

砸西瓜皮

适合年龄　2岁以上

参照宝宝　麦麦（2岁7个月）

所需材料　去了瓤的西瓜皮、玩具钉、玩具锤

游戏目的　锻炼宝宝的手腕力量和手眼协调能力

游戏过程与心得

生活中藏着很多意想不到的早教材料，它们看似与游戏无关，但好好利用可以起到意想不到的效果。用一个去了瓤的西瓜皮，把钉子固定在西瓜皮上

面，就可以做成一个锻炼宝宝手腕力量和手眼协调力的早教工具。麦麦只需要完成把钉子都砸进去的任务即可。为了提高她的兴趣，我还尝试了以下方法：

▲砸某个颜色的钉子：我会故意把语速放慢，用充满神秘感的语调对她说："下一个要砸的颜色是……紫色！"终于等到了关键信息的她迅速开始找相应颜色。

▲一边砸一边数：麦麦砸钉子，我在一边帮她计数。

▲跟着语速砸钉子：我告诉麦麦试着跟着我数数的节奏砸钉子，我数得快她就砸得快，数得慢则砸得慢，要根据听到的节奏控制自己的手速。

/ 小提示 /

西瓜皮有点滑，把钉子钉入西瓜皮的这一步有一些难度，3岁以下的宝宝可通过家长帮助完成这部分的固定工作。

14

初识剪刀

适合年龄　2 岁以上

参照宝宝　麦麦（2 岁 7 个月）

所需材料　剪刀、吸管、橡皮泥、毛线

游戏目的　训练宝宝的手眼协调、手指精细动作、躯干（肩膀、前臂、手腕）稳定和身体协调这四项基本能力

游戏过程与心得

2 岁开始，宝宝就可以开始学习使用剪刀了。剪纸对于刚开始使用剪刀的

宝宝来说稍有难度，对手部力量和精细操作也有要求。这时可以提供一些易剪断、易上手的材料，锻炼宝宝手指的灵活度，提高他们的成就感，等宝宝对裁剪东西产生了兴趣，就可以尝试更多游戏了。

为了增加麦麦学习使用剪刀的积极性，我准备了橡皮泥、毛线、吸管等材料，让她从裁剪这些简单的材料入手，增强她的信心。

/ 小提示 /

在宝宝使用剪刀时，家长要陪在旁边，以便随时给予安全指导。

15

小小理发师

适合年龄　2岁以上

参照宝宝　麦麦（2岁8个月）

所需材料　剪刀、纸

游戏目的　锻炼宝宝拇指与食指的配合，强化剪刀的使用技巧

游戏过程与心得

当宝宝有了使用剪刀的兴趣，就可以尝试让宝宝剪纸了。在卫生纸纸筒内芯上画上笑脸，做成一个小人，再为每个小人头顶搭配两种软硬程度不同的

/ 小提示 /

小人的“头发”是用一圈胶带把纸固定在纸筒芯上面做成的，拆卸非常方便，想要让宝宝反复练习剪发功夫，只需要拆下原来的“头发”，更换上新的即可。

“发型”，一个“头发”待剪的小人就做成了。不同质地的纸张，剪起来的难易程度和手感也不同。

麦麦发现很难剪断较硬的纸张后，就开始专攻右边三个“头发”好剪的小人。

如果连较硬的纸张都难不倒宝宝的话，就试着让宝宝剪质地更硬的纸盘吧。纸盘对手指的力量要求更高。

16

练习使用滴管

适合年龄　2岁以上

参照宝宝　麦麦（2岁8个月）

所需材料　滴管、玻璃杯、吸水垫

游戏目的　锻炼宝宝拇指与食指的捏合能力及手眼协调力

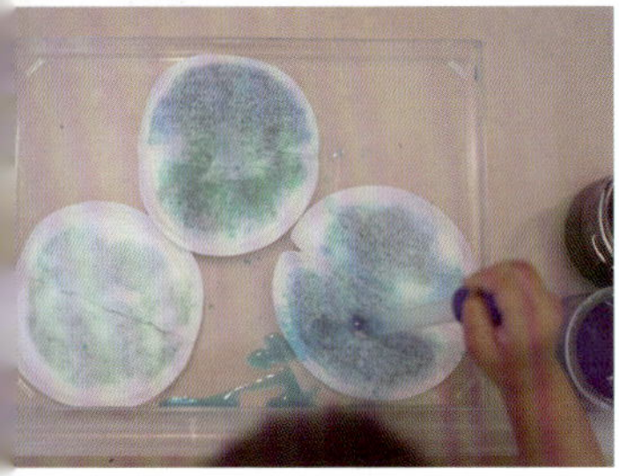

/ 小提示 /

我还拿了一些防溢乳垫，鼓励麦麦把吸出的液体转移到防溢乳垫上。这样既可以观察防溢乳垫的吸水效果，又可以保持游戏现场的干净整洁。

游戏过程与心得

滴管是训练宝宝手指力量、手眼协调的合适工具。可以让宝宝学会如何通过手指捏与放的相互配合来完成挤水和吸水的动作。宝宝刚接触这个游戏时可能无从下手，家长多示范几次，宝宝很快就能上手了。

初次尝试使用吸管，麦麦不得要领，她知道拇指和食指要配合着去捏滴管的橡胶头部分，但总是吸不出水，后来我向她演示了整个过程：把滴管深入水中，先捏住橡胶头部分，然后再松手，最后把滴管拿出来，麦麦很快就学会了，玩得不亦乐乎。

17

橡皮泥杯子蛋糕

适合年龄　2 岁以上

参照宝宝　麦麦（2 岁 8 个月）

所需材料　橡皮泥、橡皮泥塑形工具、吸管等小零件

游戏目的　锻炼宝宝手部精细能力，培养手指的灵活性和手眼协调力

/ 小提示 /

我还提供了很多橡皮泥塑形工具，让她练习捏、揉、压、切等动作，增强手眼协调能力，为日后的生活实践做准备。

游戏过程与心得

橡皮泥是最常见的手工材料之一，玩法多样，玩橡皮泥的过程也是锻炼宝宝手指精细能力的好机会。家长可以准备几个橡胶杯子做“蛋糕”的杯底，在里面放入几块橡皮泥，再找来吸管、纽扣等小物件作为装饰物，剩下的可以让宝宝自由发挥，让其自己去装饰杯子蛋糕。

麦麦把吸管一根根地插在橡皮泥上，还把带孔的塑料圈套在了吸管上，这个游戏能帮助宝宝感受不同物品的触觉，观察不同色彩。

第四部分

逻辑与数学

数学是早教中不可缺少的重要元素，对孩子来说却是很抽象的概念。回想自己小时候，学习数学时感觉很枯燥，甚至有些惧怕。在我的印象中，数学启蒙都是被加减法、乘法表、应用题而填满。

数学的启蒙不只是传授知识，还应该在寓教于乐中激发孩子的兴趣，所以我在设计数学早教游戏的过程中，有意识地增加了趣味性，准备的材料大都来源于日常生活。除了最基本的数数，我还加入了几何、测量、找规律、排序、分类、配对、找内在逻辑关系等知识点。通过这些游戏，潜移默化地将数学概念应用于生活，鼓励孩子动手操作，自己思考。

01

自制形状分拣罐

适合年龄	1 岁以上
参照宝宝	麦麦（1 岁 2 个月）
所需材料	带盖子的空罐子（我用的奶粉罐）、彩色胶带、不同形状的积木
游戏目的	让宝宝认识几何形状，培养解决问题的能力，锻炼手眼协调力

/ 小提示 /

随着宝宝对形状认知能力的增加，可以逐步增加摆在他面前的罐子的数量，观察宝宝是如何辨别形状、纠正自己错误的。

游戏过程与心得

市面上有些形状识别的玩具，所有的形状洞洞都在一个盖子上，这对于无法区分形状的宝宝来说有一定的难度，所以家长可以用奶粉罐为宝宝做几个形状分拣罐，一个罐子对应一种形状的积木。

我为麦麦做了三种不同形状的分拣罐，每次只拿出一种，等麦麦玩熟练了，收起第一种，再拿出另一种。这种循序渐进的办法，很适合对形状只有单一认知的小宝宝。一来，积木和盖子上的形状匹配，加深了宝宝对形状的认知；二来，单一形状配对的难度较低，可以增强宝宝的自信心。

02

瓶盖配对

适合年龄　1岁以上

参照宝宝　麦麦（1岁4个月）

所需材料　各种瓶子以及相对应的盖子

游戏目的　锻炼宝宝的手眼协调力和精细能力

游戏过程与心得

宝宝有时候对花哨的玩具视而不见，却钟情于摆弄再普通不过的瓶瓶罐罐，不妨为他们保存一些口径大、较为安全的带盖子的瓶子和盒子，让宝宝一次盖个痛快。

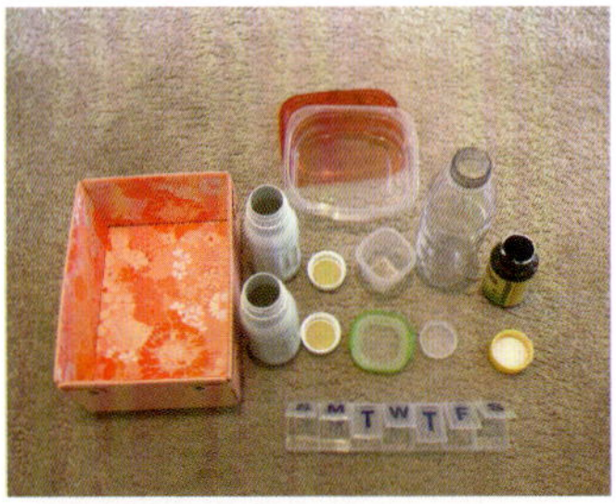

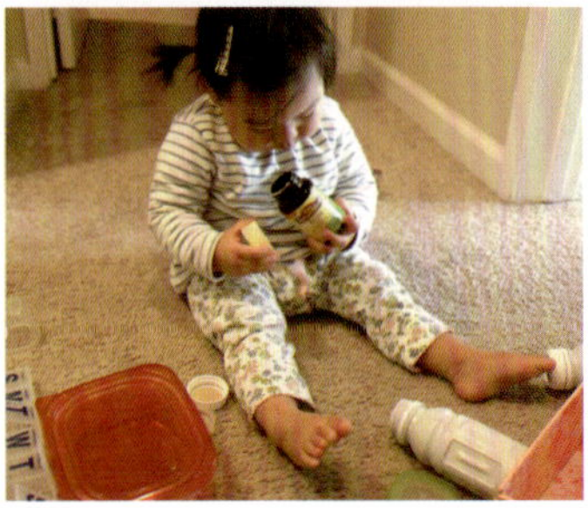

这是个准备和操作起来都很简单的经典配对游戏，需要宝宝通过观察瓶子和盖子的形状、尺寸，对二者进行配对，配对的过程可以考验宝宝的逻辑思维能力。

说明：本页请配合正文262页的“刷牙”游戏使用

大麦小哈游戏室

03

跳房子

适合年龄　1 岁半以上

参照宝宝　麦麦（2 岁 1 个月）

所需材料　跳房子的格子

游戏目的　帮助处于数字萌芽期的宝宝认识数字，增加对数字的敏感度

游戏过程与心得

跳房子是一个既能锻炼宝宝体能，又可以教宝宝学习数字的小游戏。玩法可以很随意：由家长说出一个数字，让宝宝找到相应的格子并站在里面。有时家长可以跟宝宝互换角色，由宝宝报出数字，家长根据宝宝的指令从一个数字格子跳到另一个数字格子。宝宝通常会对这个玩法更感兴趣。另外，还可比赛看谁先找到某个数字。

这个游戏不仅能帮助处在数字萌芽期的宝宝认识数字，帮助他们把数字的“音”与“形”对应，还能将数数与身体技能相结合，为本来枯燥的数数训练增添很多趣味。

/ 小提示 /

如果找不到印在地上的跳房子图案，可以自己用粉笔在水泥地上画出来，让已经会写数字的宝宝自己填上数字。

04

橡皮泥数字

适合年龄　2 岁以上

参照宝宝　麦麦（2 岁 1 个月）

所需材料　橡皮泥、塑形工具

游戏目的　让宝宝在游戏中学会数与量的一一对应，练习颜色配对

游戏过程与心得

家长可以捏一个数字，引导宝宝用饼干模子压出相应数量的饼干。2 岁的宝宝可以识别纸上的数字，也会数数，但把二者联系起来还有难度，用这种一一对应的方式，可以让他们对抽象数字有一个“量”的感觉和概念。

2 岁的麦麦对橡皮泥塑形很感兴趣，但是自己的能力却暂时达不到，所以她经常会要求我帮忙，帮她捏出各种形状的物品。我借着她对橡皮泥的兴趣，通过游戏带她体验数与量的关系。

05

圆形体插座

适合年龄	2岁半以上
参照宝宝	麦麦（2岁7个月）
所需材料	蒙氏教具——圆形体插座
游戏目的	通过辨别大小、高低、深浅等视觉能力锻炼宝宝的逻辑思维能力和观察力

/ 小提示 /

类似的蒙氏教具种类很多，如果不方便购买，也可以利用生活中现有的资源自己制作。

游戏过程与心得

圆形体插座是蒙氏经典教具，有四组圆柱体插座：第一组高度不变，直径递增；第二组高度、直径同时递增；第三组在高度递增的同时，直径递减；第四组直径不变，高度递增。此教具用来锻炼空间几何关系，可以让宝宝通过反复操作发现空间状态，并感知序列。

每次游戏我只拿出一组道具让麦麦尝试，顺利过关后再拿出下一组。当单组挑战对麦麦来说不成问题之后，我继续增加难度，一次拿出两组让她挑战，过关后再一次拿出三组，最后一次把 20 个小圆柱体全部拿出来，打乱放在桌子上，让麦麦进行配对。

教具本身就有“自动纠错”的功能，摆错一个，另一个也必然放不进去。当一次拿出三组道具的时候，麦麦明显感觉到了难度的增加，试错次数也增多，不过随着练习次数的增加，她慢慢找到了其中的规律。让宝宝通过对这种玩具的错误对应和正确对应掌握空间概念，可以为几何学习打基础。

06

五子棋与图形

适合年龄　2 岁以上

参照宝宝　麦麦（2 岁 6 个月）

所需材料　纸、笔、五子棋或豆子

游戏目的　让宝宝认识并记忆各种几何图形及其线条结构，提高专注力

游戏过程与心得

在纸上画出线条和几何形状，让宝宝用五子棋沿线摆放。麦麦在摆放的过程中逐渐对“边”与“角”有了概念，她会把第一颗五子棋放在顶点，沿线依次摆放，遇到另一个顶点后拐弯。这个小游戏可以让宝宝对线条以及几何形状有更直观的感觉，同时也锻炼了手的精细能力和专注力。

/ 小提示 /

五子棋也可以用豆子、绒毛球等代替。

07

小小建筑师

适合年龄	2岁以上
参照宝宝	麦麦（2岁6个月）
所需材料	牙签、西瓜（切成正方形的小块）、葡萄、棉花糖等
游戏目的	通过平面几何与立体几何的搭建，让宝宝了解建筑物的基本构造，锻炼手眼协调力和手指精细能力

游戏过程与心得

对于 2 岁的宝宝来说，把牙签插入西瓜这个动作并不难，但因为精细能力和空间想象力还没达到一定水平，所以搭建一个有意义的平面或立体几何图形就没那么容易了。家长可以按照从点（一块西瓜）、线（一根牙签连接两块西瓜）到平面几何形状（三角形、正方形）的顺序，帮宝宝拿着道具，让他们尝试搭建立体形状。

我和麦麦合作建了一座歪歪扭扭的危房，怎样才能让房子更加稳固呢？不妨先给宝宝一个立体几何的搭建概念，然后让他通过练习寻找答案。

/ 小提示 /

西瓜块汁水比较多，沙瓤的西瓜不好固定，对宝宝手部掌控力的要求也更高，可以用橡皮泥、棉花糖、软糖、苹果、哈密瓜、提子等比较紧实的水果替代。

牙签有一定的危险性，游戏过程中家长要全程陪伴，玩完记得把牙签收到宝宝够不到的地方。

08

积木几何画

适合年龄　2 岁以上

参照宝宝　麦麦（2 岁 6 个月）

所需材料　各种形状的积木、颜料

游戏目的　让宝宝熟悉各种几何图形，了解平面与三维立体的关系

游戏过程与心得

这是一个几何图形与艺术启蒙相结合的游戏，让宝宝以拓印的方式把三维立体积木印到画纸上，创作出好看的积木画，不管积木是什么形状，在纸上它只能呈现出三维物体的底面。

麦麦很喜欢用积木印画的过程，在游戏过程中她试着把正方体积木印出的正方形一个个叠加在一起，做一个蓝色的房子。

09

认识几何图形

适合年龄　2 岁以上

参照宝宝　麦麦（2 岁 7 个月）

所需材料　彩纸、胶水或胶棒

游戏目的　教宝宝认识基本的几何图形，记忆图形名称，熟悉“大”与“小”的概念

游戏过程与心得

家长可以用彩纸剪三种形状，每一种形状准备大小不同的尺寸。和宝宝一边贴一边记忆图形名称，贴好之后再对比大小。

2 岁的麦麦对形状很敏感，可以把具体物体和形状联系起来。看到圆形的东西会说汽车轮胎，看到正方形会联想到城堡的窗户。对于宝宝来说，对形状的匹配较为容易，但记忆名称比较难，在他们形状知觉快速发展的阶段，用游戏的方式可以帮助他们记忆形状名称。

/ 小提示 /

可以用同样的办法让宝宝认识更多图形，如椭圆形、心形、月牙形、梯形等，最后将所有学会的形状混在一起进行配对。

10

自制配对道具

适合年龄　2 岁以上

参照宝宝　麦麦（2 岁 7 个月）

所需材料　相机、不同种类或颜色的小车

游戏目的　训练宝宝的逻辑思维能力，扩大宝宝的词汇量

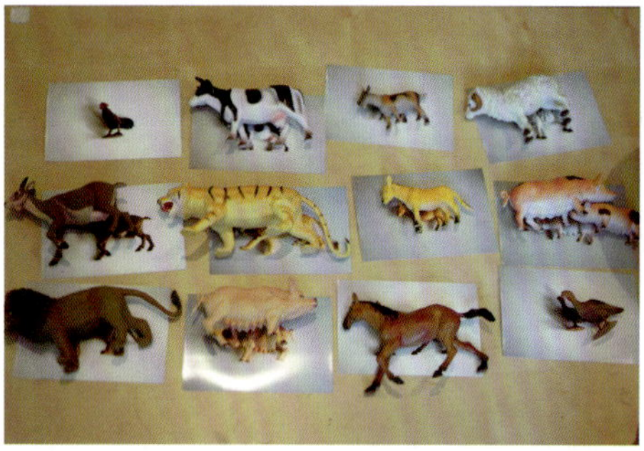

/ 小提示 /

拍照片的时候可以选择以白色墙或白布作为背景，突出主体效果。

游戏过程与心得

配对道具准备起来非常容易，把身边常用的物品利用起来就可以达到很好的效果。比如，家长把宝宝喜欢的各类车子以不同的视角拍下来，打印成照片，一套有趣的配对道具就做好了。

游戏中，麦麦需要通过仔细观察车子，选择正确的那一面进行配对。后来我又按照她的喜好做了一套难度更大的动物配对道具，其中有几个种类的动物外形、特点很相似，需要很好的观察力。

11

自制多功能数学道具

适合年龄　2 岁以上

参照宝宝　麦麦（2 岁 9 个月）

所需材料　彩纸、笔、剪刀

游戏目的　让宝宝练习从 1 到 100 的数字发音和顺序，练习颜色配对，区分左右手，学习“一对”“一双”的概念

游戏过程与心得

家长可以自制简单但是功能丰富的数学教具，用来和宝宝做数数、配对、比大小等游戏。可以让宝宝把双手放在彩色纸上，画出他的手部轮廓并剪下

来，在手的指甲的位置依次写上数字 1 到 100。

▲玩法一：把手掌卡片打乱，让宝宝进行颜色配对，配成一对的一双手按照“左手”与“右手”的顺序放好。

▲玩法二：我和麦麦一边用手指着数字，一边数数，从 1 数到 100，通过数数掌握数字的顺序，学会将数字的“音”与“形”相对应。

▲玩法三：任意指定一个数字开始数，一直数到终点，打破从 1 开始数数的固化模式。

▲玩法四：随机挑选一个数字，看看这个数字左边是几，右边是几，哪个大，哪个小。

▲玩法五：隔字数数，按照 1、3、5、7、9 或 2、4、6、8、10 的规律来读。

▲玩法六：隔 5 数数，按照 5、10、15、20、25 的规律来读，体会数阵的概念。

12

平分的西瓜与比萨

适合年龄　2岁半以上

参照宝宝　麦麦（2岁10个月）

所需材料　纸盘、颜料、剪刀

游戏目的　让宝宝学习“整体”“二分之一”“三分之一”“四分之一”等整体与部分的概念

游戏过程与心得

家长可以用一次性纸盘做四个“西瓜”，并借助测量工具把西瓜分成两等分、三等分和四等分。还可以在游戏过程中引入“和妈妈、爸爸分西瓜”的故事情节，帮助宝宝更好地理解“平分”的概念。

麦麦像玩拼图一样试图把小片西瓜还原成一个圆，体会“整体”与“部分”之间的关系。之后我又按照类似的方法，用无纺布剪出了八片“比萨”，继续引入“八分之一”的概念，让麦麦体会“整体”与“部分”的关系。

/ 小提示 /

为了让游戏变得更加有趣，还可以用无纺布剪出各种可以放在比萨上的食材，让宝宝亲自参与比萨的制作过程。

13

对称之美

适合年龄　2 岁半以上

参照宝宝　麦麦（3 岁）

所需材料　纸、颜料

游戏目的　让宝宝了解对称的概念

游戏过程与心得

家长可以把一张白色卡纸对折，让宝宝选择自己喜欢的颜料挤在卡纸的一边，然后把纸合起来，轻轻按压，展开后会出现漂亮的对称图案，颜色因为挤压会融合在一起，出现好看的纹路，很有艺术之美。

快 3 岁的麦麦在画人物肖像时，会有意识地为人物画上对称的五官和四肢，如画完左眼，一定会立刻画上右眼，画完左手，还会照着类似的样子画一只右手，看来她已经对“一双”和“对称”有了初步感觉。于是我趁热打铁，用好看的色彩游戏带她体验更多对称之美。

一个简单的游戏，让宝宝既体会了对称之美，也练习了工具的使用，也算是艺术启蒙，一举多得。

14

数字与数量

适合年龄　2 岁半以上

参照宝宝　麦麦（3 岁）

所需材料　纸牌、晾衣架

游戏目的　让宝宝学会数字与数量的对应关系，锻炼手眼协调力及手指精细能力

/ 小提示 /

把数字和数量结合的游戏有很多，可以利用宝宝感兴趣的玩具作为道具，如汽车、乐高等。

游戏过程与心得

数字是最直观的数量反应，但刚接触数字的宝宝并不能很好地将数字与数量结合在一起。家长可以做一套简单有趣的道具，帮助宝宝把纸面上抽象的数字和数量结合起来，让他熟悉两者之间的关系。

我找来一副纸牌，背面朝上，让麦麦从中随机选出一张，读出上面的数字，然后根据数字把夹子一个一个夹上，她每夹一个夹子，我就和她一起数一个数字，一直夹到正确的数量为止。这个游戏不仅能锻炼宝宝的数数能力，还能锻炼他们的手指力量。

15

数字大搜索

适合年龄　不限

参照宝宝　哈哈（7 个月）、麦麦（3 岁）

所需材料　空瓶子、大米、彩色字母

游戏目的　教宝宝辨认数字，提高观察力和专注力

游戏过程与心得

把彩色字母和大米放在空瓶子里，一个感官瓶就做成了，对于不同年龄的宝宝来说有不同的玩法。哈哈用它来观察大米和彩色字母在瓶中晃动时发出的声音和流动的状态，彩色字母还能刺激她视觉发展。麦麦则用它来辨认数字，为了找到瓶里的相应数字，她必须要晃动瓶子，并且要排除大米和其他数字带来的干扰，在众多字母和数字中找到正确的那一个，无形中提升了专注力。这个游戏对于刚刚会辨认数字的宝宝来说很有意思。

/ 小提示 /

需要将瓶盖拧紧，用胶水封好，以免细小物件掉落造成宝宝误食。

16

认识时间的绘本

适合年龄　2 岁半以上

参照宝宝　麦麦（3 岁）

所需材料　介绍时间的绘本

游戏目的　让宝宝了解时间，树立时间观念，学习整点和半点

游戏过程与心得

找一本关于时间启蒙的绘本，为宝宝引入时间的概念，增强宝宝的时间意识。推荐使用拟人手法的绘本，比如将时针与分针比成小个子与大个子，搭配有趣的故事情节，即使宝宝不能完全学会看时间，也会对故事的发展充满期待。

我将绘本情节应用到生活中，带着麦麦一边看表一边和她说："当小个子指到数字 9，大个子指到数字 15 时，就是我们要去幼儿园的时候；当小个子指到数字 6，大个子指到数字 12 时，就是妈妈去幼儿园接你的时候。"她看动画片时，我也会指着表告诉她："当大个子从数字 5 走到 10 的时候，我们就要关电脑了。"这种形象的办法让她对接下来发生的事情有所预期，有了这样形象的解释，她就更容易理解时间的概念了。

17

时间的沙漏

适合年龄　2 岁半以上

参照宝宝　麦麦（3 岁）

所需材料　沙漏

游戏目的　让宝宝通过沙漏感受时光的流逝，强化时间概念，学会时间管理

游戏过程与心得

对于学龄前宝宝来说，时间是很抽象的概念，可以把沙漏作为宝宝认识时间概念的辅助教具，这比直接告诉他们“再过 5 分钟出门”这种抽象的时间数字要好多了。

宝宝刷牙不配合，那就边看沙漏边刷牙，沙漏漏完就算把牙齿刷好了；看动画片入迷不想关电视，那就让宝宝再看到沙漏漏完，有了心理准备，宝宝关电视时也心甘情愿；宝宝乱发脾气把食物扔在了地上，那就先不吃，坐在沙发上，等沙漏漏完，再和妈妈谈谈刚才发生了什么……利用此类方法不仅可以帮助宝宝建立时间概念，还可以帮助他培养好习惯。

18

彩色数字

适合年龄　2 岁以上

参照宝宝　麦麦（2 岁半）

所需材料　木质数字玩具、颜料、刷子

游戏目的　通过给数字涂色，强化宝宝对数字的认识及记忆

游戏过程与心得

在学习过程中，调动的感官越多，就越能更好地理解、记忆事物。我买了一套原木色字母玩具，鼓励麦麦用多样的方式熟悉数字：

▲触摸：用手沿着数字画轮廓。

▲涂色：专注涂色的过程也是对某一个数字集中记忆、增强印象的过程。

▲观察：观察每个数字外形上的不同。

▲排列组合：将涂好颜色的数字按照从小到大的顺序依次排序，或任意搭配组成不同位数的数字。

第五部分

艺术启蒙

我眼中的艺术与生活息息相关，它不是正襟危坐拿着笔在纸上涂抹，也不是教孩子如何画得像、画得美，而是引导他们尝试不同工具，打破局限，在创作的过程中自如地表达自己。

我给麦麦拿了很多白纸与画笔，但她总是画几笔就走开了，我叹气，看来她没有绘画天赋，而且专注力也不够。后来我做了一些改变，将彩笔换成棉棒、叉子、冰块、树枝、海绵等新奇的工具，把纸张换成牛奶盒、石头、锡纸、木头等物品。于是，她就像发现了新大陆，玩得越来越投入，并迸发出很多创意的小火花。所以，宝宝并不是不喜欢画画，而是绘画工具不够有趣。

绘画的过程远比最终呈现的艺术作品重要。越是享受创作的过程，就越能自由自在地表达内心想法。没有外力干扰的探索，才能让宝宝迸发出无尽的灵感，我想这就是一切艺术创作的源泉吧。

01

创意锡纸画

适合年龄　1岁半以上

参照宝宝　麦麦（1岁7个月）

所需材料　锡纸、颜料、笔刷、纸

游戏目的　让宝宝体验用锡纸作画的感觉及视觉效果

游戏过程与心得

多数宝宝在这个阶段画的画毫无章法，只是一些凌乱抽象的线条。家长可以根据宝宝对颜料、色彩的兴趣，打破工具局限，比如，拿一张锡纸给宝宝，为他提供更多创作的可能。锡纸很滑，触感和普通纸张不一样，画笔和锡纸摩擦时发出的声音会让宝宝很好奇。

为了在颜料变干之前留住锡纸上面的绚丽色彩，我把一张白纸覆盖在颜料上，用手轻轻捋平，慢慢掀开，就把颜料拓在了纸上，晾干后就是一幅很美的抽象派作品了。画上没有刻意画出线条和色彩，却有很独特的视觉效果。我在画上标注了麦麦的名字和日期，放入了绘画整理夹中，之后可以以此作为素材，制作成节日卡片。

/ 小提示 /

画画时可用胶带将纸张的四边固定在桌子上，既能防止纸张被宝宝撕掉，又能快捷地收拾残局。

02

卡片的另类用途

适合年龄　2 岁以上

参照宝宝　麦麦（2 岁 1 个月）

所需材料　纸张、颜料、不用的购物卡、棉签

游戏目的　激发宝宝的创作灵感，探索更多的玩法

游戏过程与心得

家长可以把颜料挤在纸上，给宝宝提供一张质地较硬的购物卡，让他用卡片将颜料刮均匀，然后在颜料上面随意创作。

这个游戏可以锻炼宝宝的手部控制力，同时也可以让他观察颜料互相混合后的效果，感受颜色的渐变过程。越是开放性的工具，就越能产生意想不到的创作灵感。把颜料刮均匀后，我用棉签在摊开的颜料上写上了麦麦的英文名字，麦麦也学着我的样子用棉签在颜料上留下痕迹。

/ 小提示 /

可以用尺子、冰糕棍代替卡片，引导宝宝探索更多可用工具。

03

滚珠画

适合年龄　2 岁以上

参照宝宝　麦麦（2 岁 1 个月）

所需材料　托盘（或巧克力盒子）、纸、玻璃球（或木头球等质量大的球）、颜料

游戏目的　锻炼宝宝手部控制能力，感受波洛克抽象派风格，开拓思维

游戏过程与心得

宝宝都喜欢玩弹珠，家长可以借用弹珠，和宝宝一起上一堂“大师级”水彩课。

家长可以把纸放在托盘上，让宝宝把自己喜欢的颜料挤入托盘，在托盘中放入玻璃球，然后端起托盘左右摇动。玻璃弹珠蘸上的颜料，随着托盘的倾斜会在纸上留下好看的线条。至此，一幅波洛克风格的抽象派画作就完成了。

对于家长来说，这是个再学习的过程。我也是通过这个手工，才对波洛克风格有了了解，学习了它线条错乱以及“满幅”的构图风格。也是因为这个小游戏，我在带麦麦去博物馆时，可以认出波洛克风格的画作。

/ 小提示 /

年龄较小的宝宝手部控制能力有限，初次尝试的时候有可能因为用力太大将玻璃球甩出盘子，可以准备边沿较高的盒子，或给盒子加一个透明盖子。

04

神奇的水画纸

适合年龄　2 岁以上

参照宝宝　麦麦（2 岁 1 个月）

所需材料　“Magic Water Paint”画纸、水、笔刷

游戏目的　让宝宝在涂色过程中建立因果联系，识别色彩

游戏过程与心得

我买了一套名叫“Magic Water Paint”的白色画纸，纸张本身是纯白色，但遇水后会显示出隐藏在画纸里的颜色。麦麦拿着沾水后的刷子在纸上涂抹，白纸里面藏着的颜色就像变戏法一样冒了出来。这个游戏可以让宝宝在涂色过程中建立因果联系，还可以帮助他们认识颜色。

/ 小提示 /

只需要用刷子蘸取一点水就可以显色，水太多效果反而会大打折扣。

05

气球扭扭画

适合年龄　2 岁以上

参照宝宝　麦麦（2 岁 2 个月）

所需材料　气球、颜料、纸

游戏目的　让宝宝体验在纸上旋转气球后留下的痕迹，观察颜色混合后的效果

游戏过程与心得

家长吹好气球，让宝宝拿着气球蘸取颜料，然后在纸上轻轻一转，纸面上便会出现旋转过的痕迹。

我和麦麦用了蓝、绿两种颜色来观察混色后的效果。对于宝宝来说，用气球画画本身就是一件充满想象力的事情，让他用气球在纸上多多探索，随意涂抹，可以培养他的想象力和探索力。

/ 小提示 /

气球不用吹得太大，否则不容易拿在手里。对于年龄较小的宝宝来说，还可以在气球里装入不同材质的物品做成感官球，让宝宝去挤压并感知物体。

06

我眼中的地球

适合年龄　2 岁以上

参照宝宝　麦麦（2 岁 3 个月）

所需材料　地球仪（或地图）、锡纸、颜料、棉签

游戏目的　让宝宝熟悉地球仪和地理方位，并尝试将自己对事物的印象通过画图表达出来

游戏过程与心得

4 月 22 日是世界地球日，家长可以借机拿出地球仪，和宝宝一起了解大洲与大洋的分布，为宝宝指出自己生活的城市。之后为宝宝提供锡纸以及蓝、绿、红三种颜色的彩笔，鼓励宝宝根据自己的理解，把自己眼中的地球画出来。

宝宝用蓝笔画出了海洋，用绿笔画出了森林，用红笔画出了沙漠。让宝宝把看到的具象物体画到纸上，虽然乍一看，这是一幅被涂成“乱麻”的画，但却是他思想与情绪的真实写照，是绘画的真谛。

07

车轮“大作战”

适合年龄　2岁以上

参照宝宝　麦麦（2岁4个月）

所需材料　颜料、盘子、玩具汽车、大张的白纸

游戏目的　让宝宝体验用玩具小汽车的车轮作画的乐趣

游戏过程与心得

家长可以在桌上铺很大一张白纸，并准备好棉棒、叉子、玩具小汽车、玩具印章等，鼓励宝宝按照自

己喜欢的方式随意画画。

之前我总为麦麦准备好纸笔，但发现她经常是画几笔就不画了。以前我以为是因为她的专注力不够，但当我把彩笔换成棉棒、叉子、冰块等新奇的工具时，她就可以玩很久。

所以我明白了，宝宝不是不喜欢画画，而是因为绘画工具不够有趣，不如从宝宝的兴趣出发，打破局限。麦麦钟情于汽车，那我们就用车轮来感受艺术之美。我把颜料挤在盘子里，麦麦马上进入状态，拿着车轮蘸好颜料，整个胳膊都在以身体为轴心在画纸上来回摆动，就好像是上满了发条一样动力十足。这个游戏可以帮助宝宝体验大面积作画的乐趣，感受图案交叉、重叠的特殊效果。

08

咖啡滤纸巧变花蝴蝶

适合年龄　2岁以上

参照宝宝　麦麦（2岁4个月）

所需材料　咖啡滤纸、滴管、水、食用色素、毛根等装饰物

游戏目的　让宝宝学习滴管的使用方法，体验咖啡滤纸遇水后产生的晕染效果

游戏过程与心得

家长可以准备一个分格颜料盒，将食用色素滴在水中并搅拌均匀，让宝宝

用滴管把蘸取的颜料水滴在铺好的咖啡过滤纸上。咖啡滤纸有一定的吸水性，因此，不同颜色的水在纸上慢慢扩散开来会产生好看的晕染效果，晾干后晕染效果会更加明显。

我和麦麦还用毛根把彩色滤纸做成了蝴蝶的样子，放在花盆中，连绿植都变得生动起来。

滴管是练习手指力量、手眼协调的工具。一开始接触的宝宝可能无从下手，不知道捏紧松开与放水吸水之间的关系，家长多示范几次，让宝宝多练几次就能上手了。

/ 小提示 /

可以在过滤纸下垫一张大的厨房吸水纸，吸水效果更好，干得更快。

09

蔬菜水果拓印画

适合年龄　2 岁以上

参照宝宝　麦麦（2 岁 5 个月）

所需材料　蔬菜、水果

游戏目的　让宝宝体验拓印画画法

游戏过程与心得

拓印画是美术的一种，需要用刻刀在木板上刻出想要的图案，然后在图案上涂上颜料，再用纸盖在木板上进行拓印后得到画作。日常生活中很难完全还

/ 小提示 /

做一个拓印画大集合吧，让家庭其他成员根据拓印画成品猜猜相对应的蔬菜、水果是什么，这也是一个很不错的亲子互动小游戏。

原拓印画的制作过程，家长可以变换方式，利用身边现有的材料，制作出好看又独特的蔬菜水果拓印画。

在各种不同形状的蔬菜切面处涂上颜色各异的水彩颜料或丙烯颜料，印在纸上，即可成画。青江菜摇身一变，变成一朵朵玫瑰花跃然纸上，搭配着提前用彩色胶带纸粘成的花茎，显得更加生动。我和麦麦还用同样的方法做出了好看的柠檬切面图。

10

创意冰块画

适合年龄	2 岁以上
参照宝宝	麦麦（2 岁 5 个月）
所需材料	水彩颜料或食用色素、冰盒、木棍儿或冰糕棍儿
游戏目的	让宝宝体验另类绘画工具的使用方法，感受色彩混合的效果

游戏过程与心得

用冰块画画是一个宝宝感兴趣的小游戏。把喜欢的颜料挤进盒底并倒入水，搅拌均匀（即便颜料和水没有完全融合也没关系）。然后将盒子放入冰箱冷冻，待水凝固后插入冰糕棍儿，一支“冰块画笔”就做好了。

宝宝1岁左右就可以开始玩这个游戏了。麦麦虽然抓握能力有限，无法用两根手指精细操作，她却很执着于拿笔的感觉，这种“巨型”画笔对他们来说再合适不过了。我有时候还会给麦麦拿几张渗透程度不同的纸，让她感受色彩渗透在不同纸张上的物理现象，以及色彩混合的魅力。

/ 小提示 /

如果宝宝还没有完全度过口欲期，可以把颜料换成食用色素。

11

冰激凌立体卡片

适合年龄　2 岁以上

参照宝宝　麦麦（2 岁 6 个月）

所需材料　手工纸、吸管、棉花球、彩色毛绒球、胶水、纸板

游戏目的　锻炼宝宝的手指精细能力，并通过角色扮演游戏对宝宝进行语言训练

游戏过程与心得

家长可以从废旧纸箱上剪下两块纸板，用书写纸折成纸筒，然后把折好的纸筒用双面胶固定在纸板上。用棉花作为冰激凌，再用吸管、绒毛球等装饰物加以装饰，一个“冰激凌”就做好了。既可以放在家里当摆设，也可以让宝宝送给好朋友。

这是个比较综合的手工游戏，可以让宝宝练习胶水、剪刀的使用方法，还可以用它来进行角色扮演，训练宝宝的语言能力。

12

海绵恐龙

适合年龄　2 岁以上

参照宝宝　麦麦（2 岁 6 个月）

所需材料　颜料、吸水海绵

游戏目的　让宝宝体会用海绵作画的乐趣

游戏过程与心得

这个阶段的宝宝通常很喜欢恐龙，家长可以结合宝宝的兴趣，准备恐龙形状的海绵，让宝宝用恐龙海绵蘸颜料来作画。

麦麦很喜欢《我是霸王龙》的绘本，对和恐龙有关的物品很痴迷。我根据她的兴趣点，找来了能印出恐龙图案的海绵，鼓励她用恐龙海绵和颜料作画。在纸上按压蘸上颜料的海绵，纸上会呈现出恐龙的轮廓。因为海绵本身有很多小孔，按压后小孔变大，好像给每一只恐龙穿上了一件满是小泡泡的衣服，很有意思。

/ 小提示 /

等宝宝会用剪刀了，可以让他用海绵剪出各种形状的物体，创作另类海绵画。

13

好饿的毛毛虫

适合年龄	2岁以上
参照宝宝	麦麦（2岁7个月）
所需材料	鸡蛋盒子、颜料、打孔机、绳子
游戏目的	让宝宝学习制作和绘本相关的手工玩具，体会游戏的乐趣

游戏过程与心得

绘本《好饿的毛毛虫》已经被麦麦翻了多遍，里边的内容她都已经烂熟于心。但是只看平面的图画不够过瘾，于是，我们用旧的鸡蛋盒子做了一个可以全身扭动的立体毛毛虫。

家长可以将鸡蛋盒一个个剪开，在两边分别打孔，并用绳子串起来。鼓励宝宝

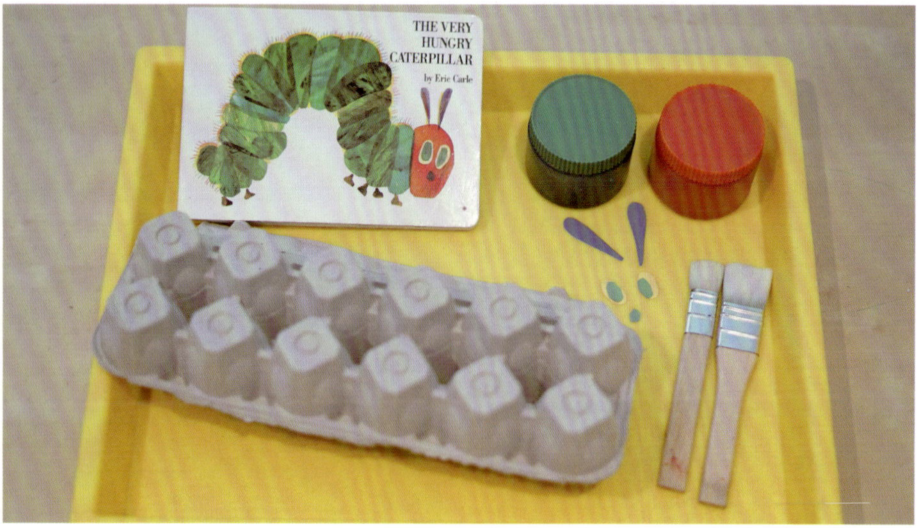

用颜料给毛毛虫的身体和头部涂上相应的颜色，用胶水粘好脸上的各个部位，一只活灵活现的毛毛虫就做好了。

这个游戏不仅可以锻炼宝宝对颜色的认知，还能用作其他绘本道具，也可以用来做各种情景游戏，训练宝宝的语言能力，可谓一举多得。

14

纸盘创意大发现

适合年龄　2岁以上

参照宝宝　麦麦（2岁8个月）

所需材料　纸盘、手工纸、胶水、笔、绒毛球、皱纹纸、棉球、冰糕棍儿、鲜花、落叶

游戏目的　让宝宝练习各种手工工具的使用方法，开拓思维，激发想象力

游戏过程与心得

艺术源于生活，很多不起眼的事物都可能成为艺术创作的灵感，从日常用品入手，也可以创造出令人眼前一亮的作品。用一个小小的纸盘，就可以带宝宝去发现生活之美、艺术之美。

纸盘动物大集合

我和麦麦用绿色绒毛球和宣纸做了一只正在做伸展运动的乌龟，用海绵球做了一只纯白的灵动小羊……用几个简单的纸盘和小配件，就可以还原每一个小动物的神态。这个游戏不仅可以让宝宝体会拼接的神奇，还能让他们练习使用胶水、剪刀等工具。

ELMER'S
School Glue

ELMER'S
School Glue

玫瑰纸盘窗花

我和麦麦趁着花瓶里的鲜花枯萎之前，将其中一些摘了下来，制作成了好看的纸盘窗花标本，做好之后悬挂在窗户上，阳光把花瓣的纹路照得很清晰，非常好看。我们还用同样的办法做了枫叶纸盘窗花，也很美丽。

具体步骤：

1. 用刻刀将纸盘中间挖空，做成一个空心圆环。
2. 取出一片接触印相纸，将有黏性的一面贴在纸盘上。
3. 将花瓣贴在印相纸上。
4. 将另一片印相纸贴在纸盘上，两片印相纸就将玫瑰花瓣粘在了中间。

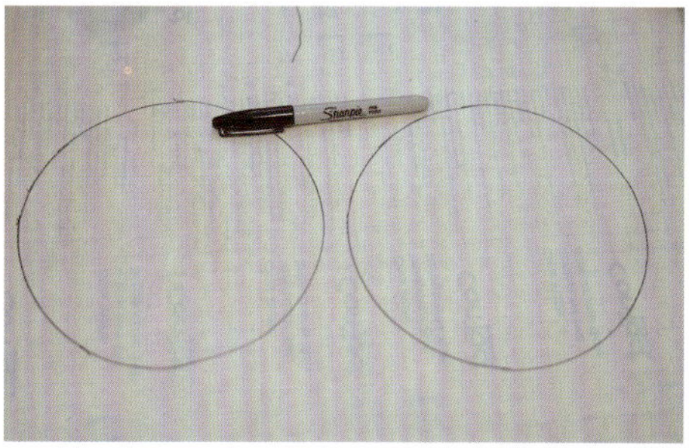

●创意纸盘扇子

将一个纸盘一分为二，当作扇叶，用冰糕棍儿固定好扇子，做把手，再让宝宝按照自己的喜好进行自由装饰，一个简易的纸盘扇子就做好了。

15

另类旋转画

适合年龄　2 岁以上

参照宝宝　麦麦（2 岁 10 个月）

所需材料　旋转画套装

游戏目的　锻炼宝宝的手指力量

游戏过程与心得

鼓励宝宝按照自己的喜好把颜料挤在纸上，颜料瓶不要太大，最好让宝

宝正好可以牢牢抓住，这样宝宝也可以很好地控制力度。按动转盘旁边的弹簧把手，转盘就会转起来了。挤在纸上的颜料因为离心作用而向外飞溅，色彩跟着转盘挥洒起来。

按动把手的频率越快，转盘转得越快。颜料挤在纸上的位置不同，所呈现的效果也不同。每一张旋转画都有自己的风格，很有现代艺术之美。可以用旋转画来装饰物品，也可以将其放在镜框里，当作一件艺术品。

/ 小提示 /

如果买不到旋转画转盘，也可以用沙拉脱水器（Salad Spinner）来替代。

16

一幅秋景

适合年龄　2 岁以上

参照宝宝　麦麦（2 岁 11 个月）

所需材料　纸、颜料、杯子、气泡膜

游戏目的　让宝宝体会创作的乐趣

游戏过程与心得

气泡膜是麦麦小时候的最爱，她喜欢用两个小手指将每一个泡泡都捏破，听着“噼里啪啦”的爆破声，很有成就感。气泡膜的用途可不止这么简单，还可以用来进行艺术创作。

我找来两张尺寸合适的气泡膜，用头绳将它们固定在杯子的底部，准备了三种代表秋天的颜料，用来涂在杯底，然后让麦麦拿着杯子在纸上随意地涂涂画画。这个游戏可以让宝宝体会到用其他工具作画的乐趣，还可以引导他们观察气泡膜蘸了颜料后在纸上留下的印记。

不受工具限制的艺术作品会让人惊喜连连。

17

百变礼品袋

适合年龄	2 岁以上
参照宝宝	麦麦（2 岁 11 个月）
所需材料	棕色纸袋、水彩颜料、颜料刷、胶水、南瓜主题零部件、镂空数字模版、万圣节主题贴纸
游戏目的	让宝宝感受节日气氛，练习剪刀、胶水、刻章等工具的使用方法

游戏过程与心得

到了年底，万圣节、感恩节、圣诞节等节日如约而至，自然也少不了要准备礼物，家长可以带着宝宝一起制作礼品袋，把你们的灵感和创意融入礼品袋，送给身边的朋友。

●混搭式礼品袋

我为麦麦提供了很多材料，目的是让她有自由发挥的空间，全身心地投入创作，让她通过现有素材，更好地掌握使用材料的技能。

万圣节主题礼品袋

我用彩纸剪出南瓜和零部件，麦麦只需使用胶水把它们粘在一起即可。以前总觉得她手劲儿太大，控制不好力度，总把胶水挤得到处都是，所以都是我先把胶水挤在固定位置，再让她把零部件放到胶水所在的地方。后来我放手让麦麦练习，慢慢地，她也能很好地掌握挤胶水的力度和精准度。

18

红鼻子小鹿手掌画

适合年龄　3 岁以上

参照宝宝　麦麦（3 岁 1 个月）

所需材料　笔刷、颜料、彩纸、溜溜眼道具、红色毛绒球、胶水

游戏目的　让宝宝感受节日的气氛，练习笔刷、颜料等工具的使用方法，体验手掌作画的乐趣

游戏过程与心得

手是宝宝最原始的创作工具，用手进行绘画涂鸦对他们来说既新奇又有

趣。圣诞节到了，为了营造节日气氛，家长可以在房间里支起一棵小小的圣诞树，和宝宝一起做红鼻子小鹿手掌画。

我用笔刷将棕色颜料刷在麦麦的手掌上，然后把她的手放在彩纸上，印出一个手掌的形状，再把准备好的鼻子和眼睛粘在上边，一只生动可爱的红鼻子小鹿就做好了。用打孔机在彩纸上打一个孔，用绳子穿起来做成挂件，把它挂在圣诞树上。在圣诞灯的照耀下，每一头小鹿都变得活灵活现。

小提示

涉及接触皮肤的创作，最好使用专用的手指颜料。

19

创意胶带画

适合年龄　3 岁以上

参照宝宝　麦麦（3 岁 1 个月）

所需材料　笔刷、颜料、彩纸、纸胶带

游戏目的　让宝宝练习笔刷、颜料等工具的使用方法，感受色彩混合之美，体验用胶带作画的创意形式

游戏过程与心得

胶带画是一种比较有趣的色彩游戏。只需要一卷纸胶带和几种彩色颜料，就能做出一幅富有现代艺术之美的画作。

在新年到来之前，我用纸胶带在纸上贴出数字“2019”，让麦麦根据自己的喜好将空白处涂满颜色。涂完颜色后，她迫不及待地撕开纸胶带，发出了“噢，好神奇”的惊叹。原来，中间用胶带遮盖住没有涂色的部分，在周围彩色的衬托下显得更加突出，非常具有艺术感。

/ 小提示 /

建议选择纸胶带，它的黏性没有普通胶带大，撕下来时也不会撕破纸张。

20

云的表现方式

适合年龄	3 岁以上
参照宝宝	麦麦（3 岁 2 个月）
所需材料	笔刷、颜料、蓝色彩纸、棉球
游戏目的	让宝宝练习笔刷、颜料、胶水等工具的使用方法，开拓思维

游戏过程与心得

创意之美美在可以无限地发散思维，发挥想象力，用不同事物来表现同一主体。那云的表现方式有哪些呢？

我找来相关绘本作参考，让麦麦用白色颜料在蓝色彩纸上随意画出云的样式。随后，我又找来白色棉球，用胶水粘在蓝色彩纸上。同样是白云，一种是平面的，一种是立体的，对比之美跃然纸上。

第六部分

语言表达能力

为了培养麦麦的语言表达能力，我设计了相应的早教游戏。我们一起阅读绘本，积累词汇、句子；在生活中，用“关键词定位法”将物品的发音与意义结合起来，不断完善麦麦的语言系统；借助感官类游戏，让麦麦学习描绘所看到的物体；借助情景想象类游戏，让麦麦学习描述情景，并把想象中的场景用语言表达出来；在交流中，我尽量使用“是什么”“为什么”“然后呢”“如果是你，你会怎么做”这类开放式的提问，鼓励她多思考、多表达。

在汉字的学习上，我也以有趣的方式带她体会文字的奥秘，设计了很多小游戏，把汉字的形和绘本插画一一对应，让麦麦在玩中学。

01

冰块寻宝

适合年龄　度过口欲期后

参照宝宝　麦麦（17 个月）

所需材料　冰块、各类可以放到冰块里的小物品

游戏目的　观察冰块融化的过程，训练宝宝描述事物的能力

游戏过程与心得

冰块是感官游戏的绝佳材料，家长可以让宝宝在反复触摸冰块的过程中去感受冰块的温度和触感。这时如果再加入一些“小心思”，还可帮助宝宝进行

关键词定位，锻炼其语言表达能力。

我在冰盒内放入豆子、扣子、葡萄、西兰花、小米、叶子等，加水后放入冰箱，等冻成冰块后再拿出来。

透过冰块可以隐约看到里面的物品，这让见多了纯色冰块的麦麦惊奇不已。我抓准时机，进行关键词定位，帮助她把事物的形象与发音联系起来，教她认识“冰块”“葡萄”“小米”等名词，“凉的”“滑的”“透明的”等形容词以及“摸一摸”“敲一敲”等动词。

/ 小提示 /

如果怕口欲期的宝宝误食冰块，可以选择更大的冰块模具。

02

指一指在哪里

适合年龄　1岁半以上

参照宝宝　麦麦（1岁7个月）

所需材料　绘本

游戏目的　让宝宝通过绘本学习发音、掌握词汇

游戏过程与心得

这一阶段的宝宝通常开始喜欢画面内容较为复杂的图画及绘本，推荐家长用“视觉大发现”系列书和宝宝一起玩“指一指在哪里”的游戏。

我会提前找好一页内容，确保这页内容里有麦麦熟悉并能说出来的事物，主要用两种方式进行提问：一种提问方式是我指物，她来说名称，如我指着球，问她：“麦麦，这是什么？”她会回答：“球”。如果她回答不出来，我会帮她说出正确名称，并多次提问。另一种提问方式是我说事物名字，由她来指认，如我会问：“麦麦，黄色的鸭子在哪里？”她就会很认真地在纸上寻找，并用手指出相应的物品。这个游戏非常锻炼宝宝的观察力、反应力及专注力。

/ 小提示 /

如果买不到类似的书也没关系，按此方法用普通绘本提问也能达到同样的效果。

03

多变橡皮泥

适合年龄　1 岁半以上

参照宝宝　麦麦（1 岁 11 个月）

所需材料　橡皮泥

游戏目的　提高宝宝的语言表达能力及情景想象力

游戏过程与心得

橡皮泥是开放性极强的玩具，用它来进行语言训练再合适不过了。

/ 小提示 /

没时间准备复杂游戏道具时，千万别忘了橡皮泥。橡皮泥有上百种用途，可以训练宝宝的手指精细能力、刺激感官、进行语言训练等。

●厨房小能手

我买了一套厨房主题的橡皮泥，用来和麦麦一起玩厨房烹饪的模拟游戏。游戏过程中，我会帮助麦麦描述颜色、材质、形状。麦麦则化身成厨师，自言自语地切割好“食材”，然后分给毛绒玩具。玩橡皮泥的过程也是锻炼手指精细能力的好机会。

●手指小怪物

把橡皮泥粘在手指上，随意捏一个形状，再配上一对“溜溜眼”，一个手指小怪物就做好了。麦麦一会儿说这是一只小鸟，一会儿说这是一个小怪物，一人分饰两角叽叽喳喳地说个不停。

再简单不过的道具也能作为故事的素材。

04

杂志里的语言训练课

适合年龄　1 岁半以上

参照宝宝　麦麦（2 岁）

所需材料　内容适宜的不同杂志

游戏目的　增加宝宝的词汇量，提高其语言组织能力

游戏过程与心得

我从杂志上剪下许多我觉得麦麦会感兴趣的图片，和她一起玩语言游戏，我尽量使用“是什么”“为什么”“如果是你，你会怎么做”这种开放性的提问方式，鼓励她多思考、多表达。

▲事实类问题及回答：这是什么？这是什么颜色？××在哪里？××有多少？××是什么形状的？（让宝宝说出关键词）

▲理解类问题及回答：这个小女孩是开心还是难过？你觉得她为什么这么开心？（让宝宝使用正确的词语表达情绪，说出自己的推断）

▲描述类问题及回答：你最喜欢哪一幅图片？图片里发生了什么事情？（让宝宝使用完整的句子描述图片，并根据理解进行思维扩散）

/ 小提示 /

做完游戏后把卡片收起来放进收纳袋，出门旅行也可以携带。

05

窗外的故事

适合年龄　2 岁以上

参照宝宝　麦麦（2 岁 1 个月）

所需材料　阳台或窗台

游戏目的　提高宝宝的观察力和语言组织能力

游戏过程与心得

楼前的一块空地在施工，麦麦很是好奇，我将窗户关紧，给她搬一把小

椅子，让她站在上边一探究竟。麦麦一边看一边不停地问“那个叔叔在做什么？”“他手里拿的是什么？”“他为什么要把木头放到墙上呢？”“刚才那个叔叔去哪里了？”她一次一次地问，我不厌其烦地回答，并且期待着她能问出句式更复杂的问题。

/ 小提示 /

如果宝宝不爱提问或是问不出问题，家长可以先进行提问，多给宝宝留一点积累的时间。

2 岁半的宝宝语言风格逐渐活泼，能够用长句子来表达自己的想法，同时对事物也更加好奇，遇到问题喜欢打破砂锅问到底。在日常交流中，也由之前的被动角色转化为对话的主导者，这是宝宝思维和语言能力迅速发展的表现。

06

宠物店与动物园

适合年龄　1 岁半以上

参照宝宝　麦麦（2 岁）

游戏目的　让宝宝认识动物，提高其观察力及语言组织能力

游戏过程与心得

1 岁左右的宝宝对动物的认知大多都停留在绘本上，可以领他们去动物园或宠物店，让他们置身于真实的场景，有助于提高他们的观察力，这也是语言训练的好机会。

我们常去的宠物用品专卖店里饲养着很多动物，每一种动物都能让麦麦驻足观察很久。我们一起观察小鱼身体的构造，认识鹦鹉羽毛的颜色，学它们喳喳叫的声音。

去动物园就更有意思了，麦麦每次都能认识很多动物，学会几个动物名称，她还会兴奋地告诉我“那个长颈鹿在我们家的绘本里也有”。

07

家庭照片

适合年龄　不限

参照宝宝　哈哈（6 个月）、麦麦（2 岁 4 个月）

所需材料　照片

游戏目的　加强宝宝对家庭成员的熟悉度和感情，通过讲述照片里的故事锻炼宝宝的表达能力

游戏过程与心得

家长可以把照片打印出来做成照片墙。在宝宝小的时候，可以抱着他看照片，熟悉照片上的人及情景。宝宝长大后，也可让他自己翻阅照片集。

麦麦时常把放在柜子里的照片集拿出来，自己看得津津有味。有时她指着照片喃喃自语，还把小嘴唇凑到照片上去亲一亲。有时我会像读绘本一样把照片里的故事讲给她听。

照片比识字卡片和绘本更容易拓展宝宝的词汇量。每张照片背后都有一段小故事。一开始是父母为宝宝讲述故事，等宝宝大一些了，就让他们试着复述故事，锻炼他们的语言表达能力和记忆力。

08

感官游戏里的语言课堂

适合年龄　2岁以上

参照宝宝　麦麦（2岁4个月）

所需材料　柠檬、白醋、小苏打、食用色素

游戏目的　提高宝宝的语言表达能力

游戏过程与心得

感官游戏能为宝宝提供丰富的探索机会，不仅可以增加宝宝的认知，还

能让宝宝通过对五官体验的描述，提高语言表达能力。

我将柠檬一切为二，麦麦拿起其中一半用鼻子闻了闻，用舌头尝了尝，最后索性把挤出来的柠檬汁喝了。我鼓励她描绘柠檬的颜色、形状、质地、手感和口味。

我还在盘子里铺了一层小苏打，并把它和食用色素、白醋混合在一起，引导麦麦观察并用语言描述白醋与苏打反应后产生的奇特效果。

这种感官小游戏可以让宝宝对事物有更具体的认识，让他描绘出所看到的物体的颜色、形象，甚至内部构造。

09

字母领带

适合年龄　2岁以上

参照宝宝　麦麦（2岁6个月）

所需材料　字母刻章

游戏目的　让宝宝学习字母的形与音

/ 小提示 /

可以把带有字母或字母对应物品的卡片打印出来，让宝宝来涂色。也可以给宝宝买一袋字母饼干，用来认字母、拼单词，一边玩一边吃。

游戏过程与心得

父亲节到来之前，妈妈可以准备一些字母刻章，并用彩纸剪出一个领带的形状，和宝宝一起做一条字母领带送给爸爸。

麦麦随意挑选了一个字母刻章，把它印在了彩纸领带上，我鼓励她一边按刻章，一边说出字母的正确读音，念不出来的我会告诉她。

10

小小超市收银员

适合年龄　2 岁半以上

参照宝宝　麦麦（2 岁 7 个月）

所需材料　儿童模拟收银机、废旧银行卡

游戏目的　提高宝宝的语言组织能力及想象力

游戏过程与心得

2 岁的宝宝正处于愿意模仿的阶段，这个时候可以为他们设计一些有情景、

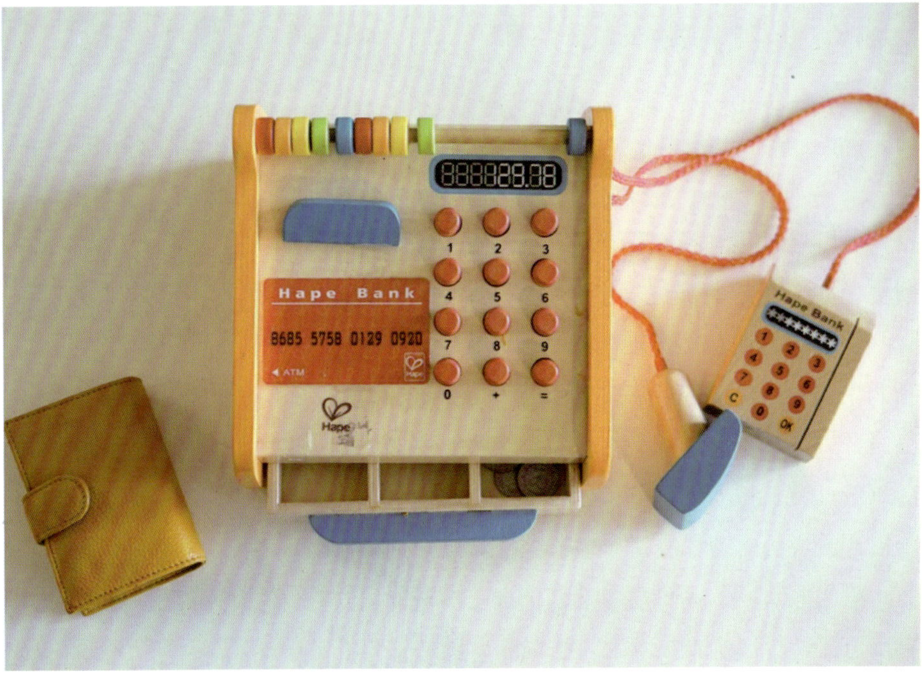

有道具的语言类游戏，帮助他们模拟真实的生活场景，用语言把情节与扮演的角色都表达出来。

家里有台仿真玩具收银机，我们经常用它来玩角色扮演类游戏。我为麦麦提供了玩具、购物袋、钱包、废旧卡等和购物相关的常见用品，麦麦瞬间化身超市收银员投入“工作”。她尝试使用“你好”“下次见”等礼貌用语和“顾客”交流；用扫描机扫描每一件玩具，然后将玩具装入购物袋，体验收银员的工作流程；她还用数字为每一件物品打上价格，最贵的一辆车竟然卖到了588元。

角色扮演类游戏需要宝宝基于自己的认知再现生活场景，回忆或想象出故事情节，这对锻炼宝宝的语言组织能力和想象力都有帮助。

11

甜蜜冰激凌

适合年龄　2岁半以上

参照宝宝　麦麦（2岁7个月）

所需材料　鸡蛋盒（用于固定冰激凌圆筒）、白色剃须膏或儿童专用泡沫、彩纸、装饰物（吸管、亮粉、彩色绒毛球等）

游戏目的　提高宝宝的语言组织能力及想象力

游戏过程与心得

情景想象类游戏对于语言、逻辑和情商都是很好的训练。家长可以把彩纸

卷成筒状，让宝宝挤入白色剃须膏，用彩色吸管代替巧克力棒，用彩色毛绒球代替各色糖果，最后洒上亮粉当作糖霜，圆筒冰激凌就做好了。麦麦做完后还模仿服务人员与我对话，试图还原平时我带她去冰激凌店买东西的场景。

12

想象中的美妙世界

适合年龄　2 岁半以上

参照宝宝　麦麦（2 岁 8 个月）

所需材料　厨房玩具、乐高类玩具、积木等

游戏目的　锻炼宝宝的语言组织能力和想象力，提高其生活技能

游戏过程与心得

两三岁的宝宝正处在想象力萌发的关键时期，此时可以多带宝宝玩过家家的游戏，既有利于激发宝宝的想象力，也能锻炼宝宝的语言表达能力。比如，

和宝宝一起模拟厨房主题的游戏。

我将一包意大利面煮软，用水过滤后放凉，又准备了一些儿童厨房用具，让麦麦化身小厨师，为每一个绒毛玩偶做面条，贴心地询问它们“要吃什么？”“吃多少？”

厨房模拟游戏还可以教宝宝认识各种食材和厨具、正确的做饭步骤和切菜姿势等，也是非常好的生活技能启蒙。

13

小小农场主

适合年龄　2 岁半以上

参照宝宝　麦麦（2 岁 10 个月）

所需材料　积木、主题玩具

游戏目的　锻炼宝宝的语言表达能力、想象力和逻辑思维能力

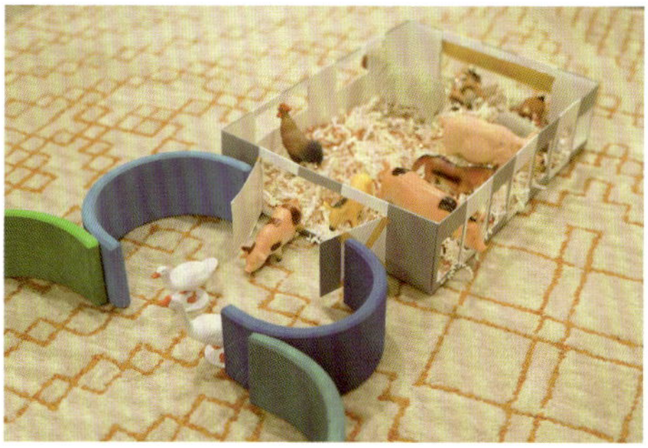

游戏过程与心得

积木是开放性极强的玩具，1—2 岁的宝宝专注于将积木推倒的过程，可以让他们练习投掷积木，听积木投入容器时产生的声响。宝宝 2 岁半以后就可以开始用积木搭建场景了。家长可以利用所搭建的场景对宝宝进行语言训练，提高其想象力。

我和麦麦用积木和动物玩具，建造了一座小农场，麦麦化身成农场主，忙着“照顾”小动物的起居，为它们安排住处，还想象出了很多小动物对话的场景。

14

惊喜盒子

适合年龄　2 岁半以上

参照宝宝　麦麦（2 岁 11 个月）

所需材料　鞋盒、布料、刻刀、胶枪

游戏目的　锻炼宝宝的表达力、想象力和逻辑推理能力

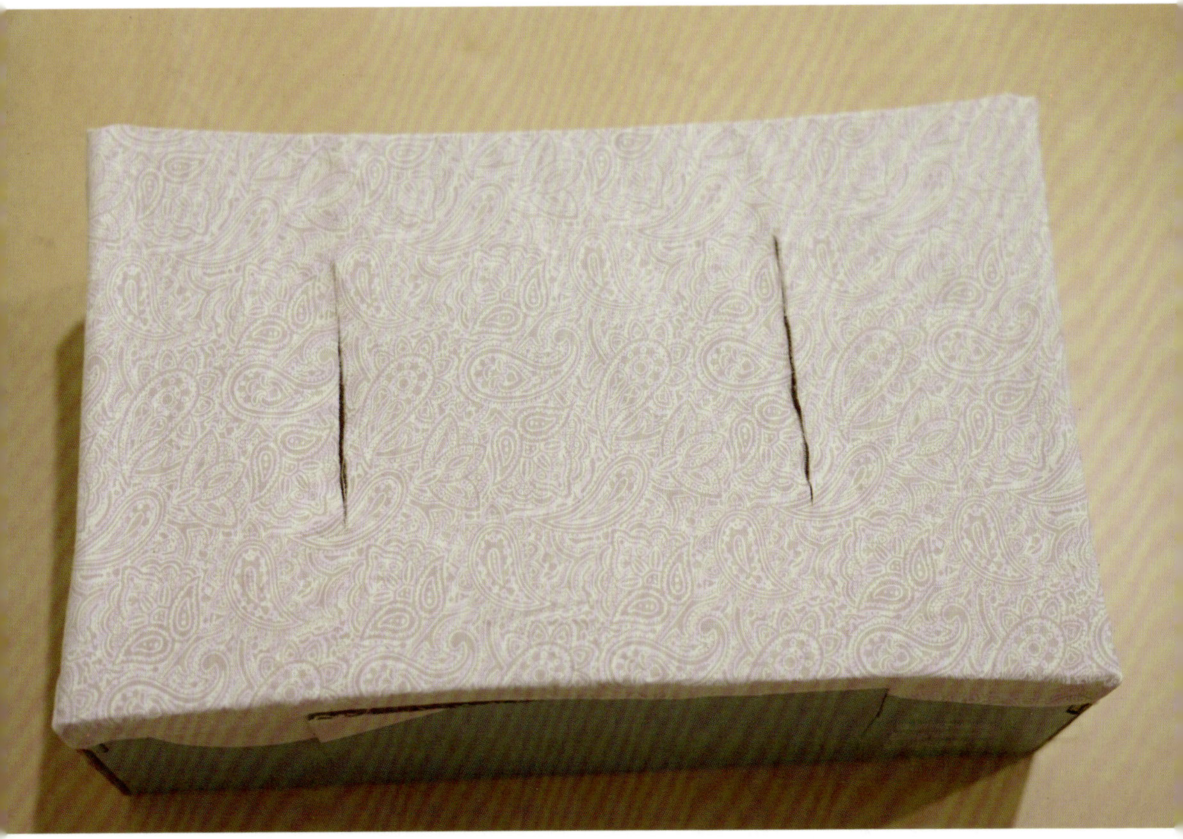

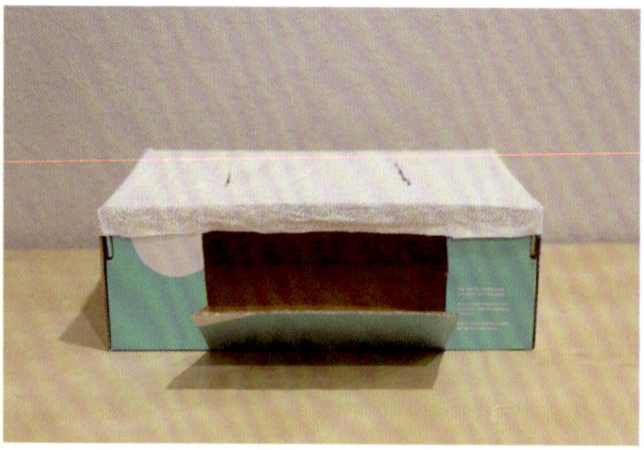

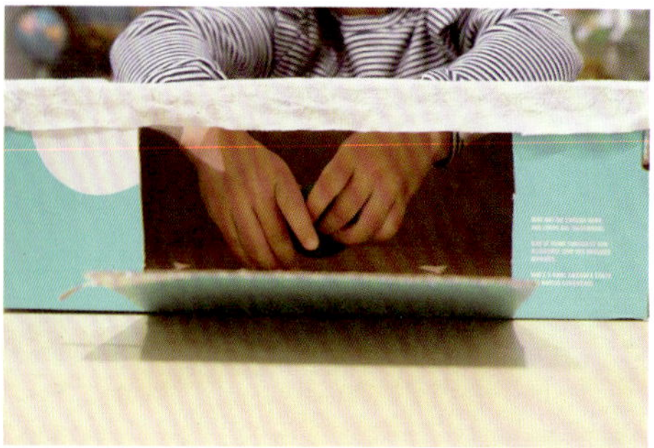

游戏过程与心得

家长可以找一个不用的无盖盒子，再选一块尺寸合适的布料，用刻刀从中间划开一道口子，确保可以将手伸进去，然后拿布遮住盒子，用胶枪粘好，一个惊喜盒子就做好了。

我趁麦麦不注意，找来一些物品，依次放入盒子，鼓励她将手伸进洞中，通过触摸猜测盒子里的物品，并用语言描述出来。

/ 小提示 /

为了增加宝宝的兴趣，提高他们的积极性，可以先放一些特征明显、易猜测的物品，然后不断增加难度。

15

字母小怪兽

适合年龄　2岁半以上

参照宝宝　麦麦（3岁）

所需材料　盒子、字母

游戏目的　教宝宝认识英文字母

游戏过程与心得

认识字母是英语启蒙的第一步，是日后拼写单词、阅读英文绘本的基础。每一个小孩子几乎都会唱英文字母歌，但辨认字形却有点难度。为此，家长可以制作一个会“吃”字母的小怪兽，帮助宝宝认识字母。

我将抽纸盒装饰了一番，做成一个小怪兽的样子，然后将大写字母贴纸贴在瓶盖正面，小写字母贴在瓶盖反面。麦麦说这些瓶盖是字母饼干，饶有兴趣地将“饼干”一颗一颗喂进小怪兽的嘴里。

在这个过程中，我鼓励麦麦一边喂食一边读出字母的发音，这种趣味性较强的游戏大大提高了麦麦的专注度。

第七部分

科学实验

我对麦麦的早教从 1 岁开始，这一年的启蒙让我们越来越有默契，我对她的脾气、喜好、能力都有了一定的了解，麦麦在专注力、手指精细能力、生活实践、语言锻炼和美术创意方面都获得了一定的锻炼。在我们彼此磨合的过程中，麦麦可以基本理解并遵循指令，能清晰地表达自己的诉求。从麦麦 2 岁开始，我决定在之前早教游戏的基础上，根据她的兴趣，加入更多脑力刺激游戏，尝试在家实施有趣的科学实验，对麦麦进行科学启蒙。

那些我们早已知晓的原理、不足为奇的现象，对宝宝来说却是一个又一个未知的惊喜。虽然学龄前的宝宝还不能通过实验理解深奥的科学原理，但通过操作可以引发他们的好奇心，满足他们对科学的想象，锻炼他们的动手能力，使他们在观察中培养思维方式，养成良好的学习习惯。学前宝宝观现象，学龄宝宝知原理，科学小实验带来的乐趣远比我们想象的有意思。

01

会冒泡的小苏打

适合年龄　1岁半以上

参照宝宝　麦麦（2岁）

所需材料　小苏打、白醋、小玻璃瓶、食用色素、托盘、勺子

背后的科学　苏打粉与白醋产生的化学反应

苏打和白醋是科学实验的经典搭档，它们搭配在一起总能产生令人意想不到的效果。这个经典的化学小实验，可以让宝宝通过颜色、气味、声音等直观地观察到两者相融合后产生的效果，也可以在实验过程中对宝宝进行语言启蒙。

实验过程与心得

1 将小苏打均匀地撒在托盘上，可以将苏打粉铺得厚一些。

2 将食用色素放入白醋中，然后将白醋一勺一勺地倒入苏打粉中，然后就可以观察苏打粉与白醋产生反应后产生的奇特效果了，浓密的泡沫伴随着“滋啦滋啦”的声音四散开来，颜色也跟着蔓延开来。

3 可以让宝宝闻一闻气味，告诉他这种气味是“酸”；引导他仔细听苏打粉和白醋反应过程中发出的“滋啦滋啦”声，并鼓励宝宝模仿这种声音；如果宝宝对产生的泡沫感到好奇，可以鼓励他把手伸进去感受泡沫的绵密（用手触摸泡沫是安全的，但要确保液体不进入眼睛和嘴巴）。

实验扩展

我将不同颜色的食用色素放在做杯子蛋糕的格子烤盘里，然后在每一格都撒上小苏打，将颜色覆盖住。从表面看上去这没什么特别，但玄机在后面，只有将白醋倒入每个格子，原有的颜色才会显现出来。否则，宝宝不会知道苏打粉覆盖下的格子是什么颜色。

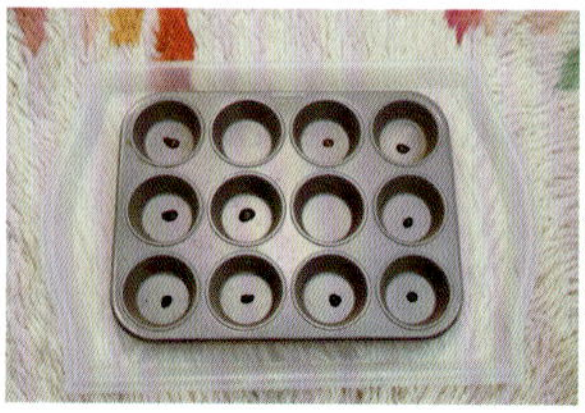

02

膨胀的气球

适合年龄　2 岁以上

参照宝宝　麦麦（2 岁 1 个月）

所需材料　小苏打、白醋、空瓶子、食用色素、漏斗、气球、托盘

背后的科学　苏打粉与白醋发生反应后会产生水、醋酸钠以及二氧化碳等化学物质，二氧化碳气体膨胀上升会充满气球

除了往气球中吹入空气，用打气筒等工具将气球吹起来，还有别的办法将气球变大吗？这个简单的实验会带给宝宝不一样的思路和体验，让宝宝了解苏打粉和白醋发生反应后产生的科学现象。

/ 小提示 /

瓶中的液体和气球中小苏打的分量都不宜过多，要选择质量过关、厚度适宜的气球，这样做的目的是防止过分反应导致的气球爆破。

如果发现气球有爆破的危险，需及时拔出气球或迅速远离实验现场。事实证明，只要控制好白醋和小苏打的分量，就不会出现问题。

实验过程与心得

1 将白醋装入塑料瓶。为了制造对比试验以及视觉上的差别，我在一个瓶子内装入较多的白醋，另一个瓶子内装入较少的白醋，并在两个瓶子内同时加入蓝色食用色素。

2 用漏斗将相同分量的苏打粉分别装入两个气球。

3 将气球套在瓶口上，注意这时不要让苏打粉漏入瓶子。

4 根据我的提示，麦麦将气球慢慢扶起，气球内的苏打粉缓缓落入瓶中，苏打粉与瓶中的白醋发生反应，气球瞬间胀大，麦麦一惊，扶着气球的那只手迅速离开了瓶口，但是眼睛始终盯着瓶子。

5 小苏打与白醋的化学反应越来越强烈，瓶内泡沫越来越多，气球越来越大。

6 化学反应结束后，细细观察两个气球的不同。

7 由于麦麦突然拿开了扶着气球的手，再加上气球变大加重了上半部分的重量，从而导致瓶子歪倒在桌面，瓶子里的水流到了气球中。我们将气球扶起来，瓶子摆正后发现，虽然气球里的水又都流回瓶子，但是气球的大小却没有因此而发生任何变化。

8 麦麦在发现这一点后，索性把瓶子里的水都倒入气球，又把气球中的水倒回瓶中，如此循环往复了几十次。

03

喷发的双色火山

适合年龄　2 岁以上

参照宝宝　麦麦（2 岁 2 个月）

所需材料　小苏打、白醋、食用色素、玻璃瓶、托盘

背后的科学　苏打粉与白醋产生的化学反应

小苏打与白醋产生的化学反应在让宝宝感到新奇的同时，还可以对宝宝进行色彩启蒙。

实验过程与心得

1 准备两杯白醋、两杯苏打粉，为了增加视觉对比效果，我在白醋中滴入了蓝、黄两种颜色的食用色素，并把所有道具放在了有边沿的托盘里（颜色种类以及数量可自行添加）。

2 麦麦按照我的指示，将黄色的白醋倒入了苏打粉中，二者反应产生的黄色泡沫瞬间喷涌而出，好似地壳里炙热的岩浆冲破火山口。虽然喷涌持续时间并不长，但对于宝宝来说，已足够震撼。

3 麦麦一边惊叫声连连，一边熟门熟路地拿起蓝色杯子倒入装有小苏打的杯子中，一座蓝色“火山”随之喷涌。在游戏过程中，我不断强化“蓝色”与“黄色”这两个颜色名称，进行关键词定位，将颜色与实际物品相对应，让宝宝印象更深。

/ 小提示 /

最好准备一个带边的托盘，以防“水漫金山”。

04

会“跳舞”的红豆

适合年龄　2 岁以上

参照宝宝　麦麦（2 岁 3 个月）

所需材料　小苏打、白醋、水、透明高玻璃瓶、豆子（大米、玉米）、勺子（木棍）

背后的科学　苏打粉与白醋产生的化学反应

这是一个很“吸睛”的小实验，可以让宝宝直观地感受科学现象。

（上图瓶中从左到右依次为：水、豆子和大米混装、白醋、小苏打粉）

实验过程与心得

1 在玻璃瓶中装入约 500 毫升的清水，然后在水杯中加入准备好的苏打粉（约两大勺）。用勺子或小棍子充分搅拌，在搅拌的过程中引导宝宝观察苏打粉在水中的溶解状态。

2 将豆子放入搅拌好的水中，在宝宝操作的过程中，还可以对他提问题，引导宝宝观察豆子的沉浮情况，对之后会发生的现象给出自己的预测。

3 最后一步也是最有意思的一步——见证豆子“跳舞”。将白醋缓缓倒入瓶中，白醋与苏打粉相互作用后将产生化学反应，小豆子会伴随着反应时产生的气体“活蹦乱跳”。

/ 小提示 /

尽量选择较高的瓶子，以防产生化学反应时豆子蹦出来伤到宝宝。

05

神奇的“熔岩灯”

适合年龄　2 岁以上

参照宝宝　麦麦（2 岁 2 个月）

所需材料　透明高脚杯（瓶子越大、越高，效果越好）、水、食用油、泡腾片、食用色素

背后的科学　泡腾片遇水溶解，产生二氧化碳气泡

在圣诞节到来之前，可以围绕这一节日主题，与宝宝一起做一盏神奇的“圣诞熔岩灯”，

相信这一神奇的现象会在第一时间抓住宝宝的眼球，让麦麦不禁大喊："还要再玩一次！"

实验过程与心得

1 将少量白水倒入高脚杯。在第一次的试验中，我们往高脚杯中倒了一半水，在后来进行的试验中发现，水太多会影响实验效果。通过对水、油比例的不断调适，我们发现水量要少，油量要多，总体积不超过瓶子容积即可。

2 滴入食用色素，用木棍搅拌均匀（不搅拌也可以）。

3 倒入食用油，由于水的密度比油大，水与油一定会分层，且水在下，油在上。

4 我将油加到了水量的三倍甚至更多，并确保总体积不超过瓶子容积，给"熔岩"一些发挥的空间。泡腾片遇水后迅速溶解，并产生二氧化碳气泡，当积聚了足够多的气体时，泡腾片会从水层"蹿"到油层，好似火山熔岩爆发。

5 第二天，我们将实验进行了升级，将容器换成了一个更高的水杯，继续增加油量，这次的油量是水量的 6 倍之多。为了更清楚地观察气泡的产生，我把瓶子放在自制灯箱上面（在普通的透明塑料箱里装几串圣诞灯即可）。实验开始后关上室内其余的灯，灯箱的光源会让沸腾的气泡变得更加晶莹透亮。如果没有办法制作灯箱，还可以用手电筒直接照射瓶子。观察时记得盖好盖子，避免失误打翻瓶子。

6 实验完成后，可以盖好盖子，将瓶子静置一段时间，等水与油恢复到分层的状态，就可以开始新一轮的观察了。如果想要增加效果，还可以往瓶子里添加亮片等装饰物。

/ 小提示 /

泡腾片不能直接食用，不能提供给还没度过口欲期的宝宝。宝宝即使已经度过了口欲期，实验过程中也需要大人全程看护，避免误食。

为避免出现误食的情况，可用其他标有“泡腾”字样品牌的片剂或儿童可食用的泡腾片替代。

06

瓶子里的“龙卷风”

适合年龄　2岁以上

参照宝宝　麦麦（2岁2个月）

所需材料　两个塑料饮料瓶、橡胶圈（和塑料饮料瓶瓶口同样尺寸）、防水胶带、水、食用色素

背后的科学　离心力使旋转的物体远离它的旋转中心，周围的水面高于中心，形成漩涡

这是个操作简单，又充满酷炫视觉效果的小实验。通过这个游戏，学前宝宝可以观察到瓶子晃动后出现的神奇漩涡，学龄宝宝可以观察并了解到龙卷风形成的原理。

实验过程与心得

1 将其中一个塑料饮料瓶中装入一半以上的水，为了增加视觉效果，我加入了蓝色的食用色素。

2 剪一个和瓶口大小一样的橡胶（塑料）圆圈，并在圆圈中心留下一个圆孔（圆孔不能太小），如下图所示。

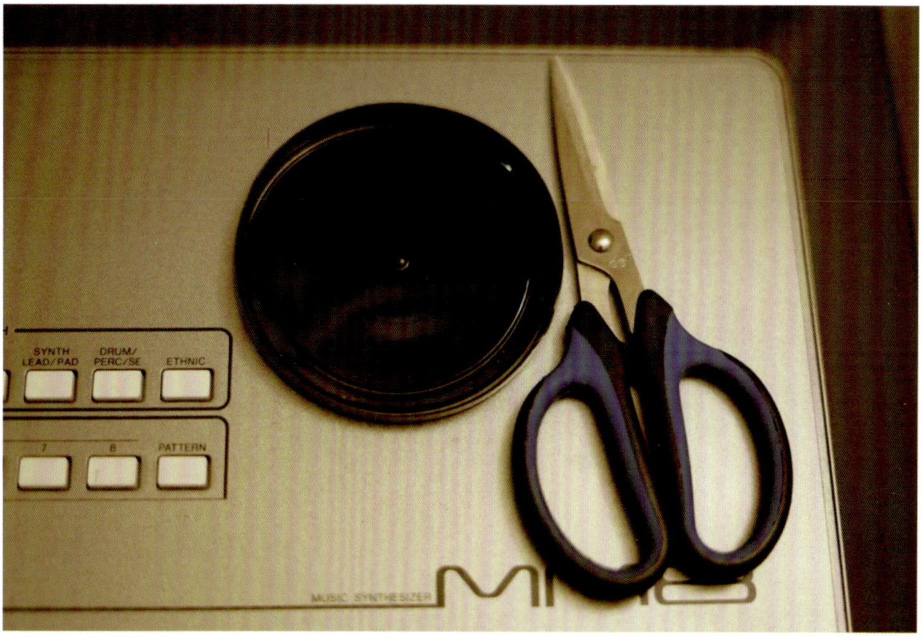

3 将剪好的橡胶圆圈放在装水的瓶子上面，并用胶带固定好，如下图所示。

4 将两个瓶子的瓶口对齐，并用胶带粘牢（多固定几圈，以防瓶子在摇晃过程中漏水）。

5 翻转瓶子，使得有水的瓶子在上，空瓶子在下。一手扶住空瓶子的底部，然后快速以画圈的方式转动上方的瓶子并松开手，瓶子中便出现了“龙卷风”。

/ 小提示 /

为了避免瓶口连接处漏水，需要选择黏性强的防水胶带。

麦麦看着形成的小漩涡不停地尖叫，此后她只要见到类似的漩涡状物体，都会联想到我们做过的龙卷风小实验。等她长大，我会带她一起去图书馆查阅龙卷风形成的相关资料，到时候再重新做一次这个小实验，她一定会有不一样的体验。

07

不同布料的吸水力测试

适合年龄　2岁以上

参考年龄　麦麦（2岁3个月）

所需材料　不同材质的布料、水

背后的科学　不同材质布料的吸水性也不同

这个年龄段的宝宝，虽然没办法理解事物的本质属性，但是可以感受到事物之间的区别。无须借助太复杂的工具，用几块不同材质的布料就可以帮助他们建立、完善自己的认知。

/ 小提示 /

吸水后的布料触感区别更加明显，用手挤压的过程对宝宝手部力量和感官都是很好的锻炼。

实验过程与心得

1 我准备了几块尺寸相同但质地不同的布料，有棉布、麻布、丝绸和化纤布。麦麦依次将布料放入水中，然后拿出来，用手挤压布料，通过挤水时的手感和挤出的水量感受不同布料的吸水性。

2 有意思的是，在试过了所有的布料后，麦麦选择了吸水性最好的棉布，一直循环往复地做着“浸泡棉布—拿出来—挤水—浸泡”的动作。

08

小船承重测试

适合年龄　2 岁以上

参照宝宝　麦麦（2 岁 3 个月）

所需材料　锡纸、玻璃球、大玻璃碗、水

背后的科学　物体在水中所受的浮力

这是一个将科学与数字相结合的小游戏，可以鼓励宝宝在动手操作中观察沉浮的现象，体会重量与沉浮的关系，锻炼数数能力。

实验过程与心得

我用锡纸做了一艘小船，然后给了麦麦一盒玻璃球。她将玻璃球依次放入小船，我们一边数着玻璃球的数量，一边看着锡纸小船究竟能承载多少颗玻璃球。当数到第 17 颗的时候，小船侧翻，沉进了水里。

通过这个游戏，可以帮助孩子练习数数，观察物体重量与浮力之间的关系。

实验扩展

还可以尝试制作不同形状、材质的小船，比较一下哪一种小船的浮力最大、承重最多。

09

吸铁石小测试

适合年龄　2 岁以上

参照宝宝　麦麦（2 岁 3 个月）

所需材料　吸铁石、各种小物件（有磁性的和无磁性的都要准备）

背后的科学　吸铁石磁力吸附现象

宝宝们都喜欢吸铁石，它好似有一股神奇的力量，可以吸引物体过来，也可以将物体推开，这其中的差别是可以通过实际操作感受到的。

实验过程与心得

●游戏一

找来不同的小物件，用吸铁石挨个吸一吸，看看哪些物品能被吸起来，哪些不能。

● 游戏二

把曲别针都放在塑料瓶里，看一看吸铁石隔着瓶子还能不能吸引并且移动曲别针？

/ 小提示 /

还可以把塑料瓶换成玻璃瓶，在瓶子里装满水或油，这些方法都值得一试。

10

发芽的绿豆

适合年龄　2岁以上

参照宝宝　麦麦（2岁4个月）

所需材料　绿豆、盘子、水

背后的科学　植物生根发芽的必要条件

实验过程与心得

在盘子上铺一层吸水纸，纸上摆满绿豆，放在窗台上。我每天都提醒麦麦去看看绿豆发芽的情况，如果发现铺的吸水纸干了，我们就会再加点水让绿豆保持湿润。第三天，绿豆终于发芽了，且越长越高。

实验扩展

可以进行对比试验，在同样的光照条件下，准备三份绿豆，给第一份提供适量的水分，给第二份提供过量的水分，第三份则完全不提供水分，然后每天观察三份绿豆的发芽情况。

此外，还可以把水分作为定量，把光照作为变量进行对比试验。

11

放大镜里的世界

适合年龄　2岁以上

参照宝宝　麦麦（2岁2个月）

所需材料　放大镜

背后的科学　凹凸镜的特征

有时麦麦会把她爸爸的眼镜放在自己眼前看周围的物体，她知道那是近视眼镜，也能感受到戴上眼镜与摘下眼镜的视觉区别。我给了她一个放大镜，鼓励她拿着放大镜观察身边的事物。于是，她像小侦探一样，透过放大镜观察书

上被放大的字母，观察植物叶子上的纹络。

实验过程与心得

家里各种透镜都可以作为宝宝观察世界的道具，如凸透镜、凹透镜、放大镜、近视镜、远视镜、老花镜、水杯、鱼缸等，每一种透镜都有不同的成像效果。还可以通过这个实验感受肉眼观察和放大镜观察的区别。

麦麦最喜欢拿放大镜对着我，透过镜子看我的脸，一边看一边笑。

12

彩色白菜

适合年龄　2 岁以上

参照宝宝　麦麦（2 岁 4 个月）

所需材料　白菜叶、玻璃杯、水、食用色素

背后的科学　植物的根茎有吸水性，水在没有外力的作用下，可以克服地心引力上升到植物的根茎

用简单的材料就能给植物“涂”上各种各样的颜色，就是这么神奇！

实验过程与心得

准备四杯加入食用色素的水，放入四片白菜叶，静置一晚上。临睡前我告诉麦麦，明天会有惊喜等着她。

第二天一早，她还没醒，我就迫不及待地跑去一探究竟，一打开门，一抹彩色映入眼帘，每一片白菜都“穿”上了彩色衣服。

实验扩展

还可以找出其他蔬菜继续试验，测试不同种类蔬菜根茎的吸水差别。

13

水油分离摇摇瓶

适合年龄　2 岁以上

参照宝宝　麦麦（2 岁 5 个月）

所需材料　玻璃瓶、水、婴儿油、食用色素

背后的科学　水与油不同的分子结构导致油的密度比水小，会浮在水上面

这是个准备起来简单却很有效果的小实验，学龄前宝宝可以观察到水与油分层的视觉现象并认识颜色，学龄宝宝可以通过水油分离现象了解密度的基本概念。

实验过程与心得

我找来三个玻璃罐子，在每个罐子中放入半瓶水，滴入食用色素，再依次放入婴儿油或食用油。我把三个罐子放在麦麦面前让她观察，并向她提问题：

—瓶子里的液体分别是什么颜色？（答：红色、黄色、蓝色）

—刚才妈妈倒进去的透明液体是什么？（答：妹妹的护肤油）

—拿起瓶子摇一摇，看看瓶子里有什么变化？（答：有好多好多的泡泡，很像麦麦做过的另一个泡泡灯试验，好像火山喷发！）

—那我们现在把瓶子放在桌子上，然后你和妈妈一起从 1 数到 10，看看瓶子里有什么变化？（这一次麦麦说不出变化来了，我就向她形容所发生的变化，并告诉她简单的原理。）

14

会消失的笔墨画

适合年龄　2岁以上

参照宝宝　麦麦（2岁4个月）

所需材料　书法水写布、水、毛笔

背后的科学　书法水写布上涂有特殊的白色环保涂料，其中的二氧化硅成分遇水会变透明

我来美国时在行李箱里装了一套书法水写布，本想着拿出来写几个中国

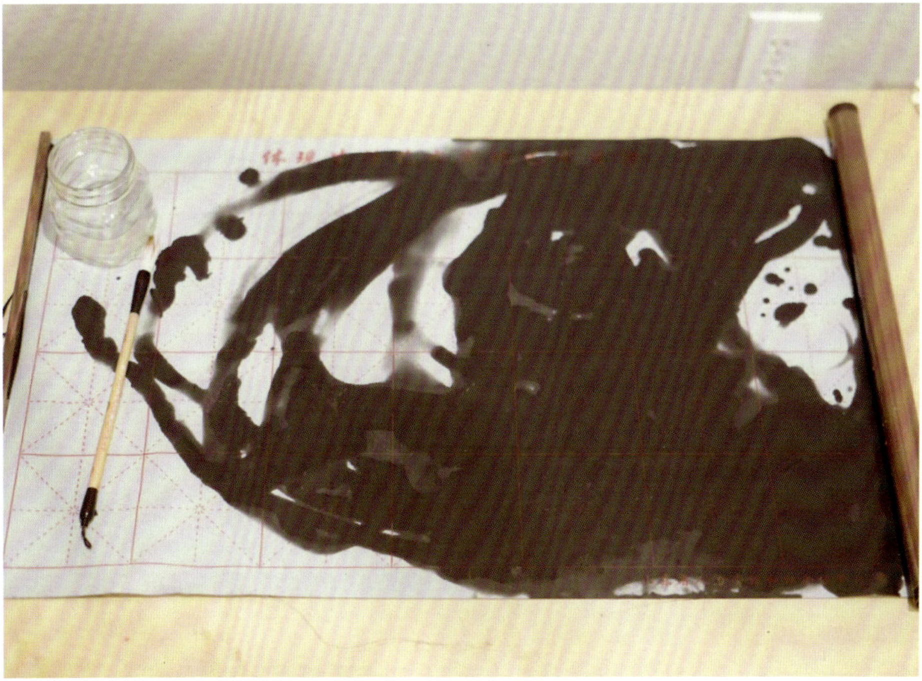

字，向外国朋友宣传中国文化，却不想被我束之高阁。后来搬家的时候又重新找了出来，送给了麦麦，她倒是玩得不亦乐乎。

实验过程与心得

我告诉麦麦这是一张很奇特的布纸，它和其他种类的纸不一样，上面有特殊的涂层，不需要颜料，只用水就可以画画写字。她试着用清水画满整张画布，看画布由黑变白、由满变空，流露出似懂非懂的神情。

实验扩展

可以随便在纸上画一笔，和宝宝一起数时间，看黑色字迹从出现到消失一共经历几秒，锻炼宝宝的数数能力，还可以测试字迹消失快慢和布纸上水量多少的关系。

15

融化的七彩豆

适合年龄　2岁以上

参照宝宝　麦麦（2岁5个月）

所需材料　彩虹豆、水、浅盘子

背后的科学　糖中的色素遇水会溶解

这是一个很简单的小实验，是宝宝视觉与味觉的双重体验。

实验过程与心得

1 将彩虹糖一颗颗摆在盘子内部边缘，围成一个圆圈，不同颜色的糖果错开摆放，这样视觉效果会更好。

2 往盘子中倒入冷水，也可以倒入热水，做对照实验，观察糖豆在遇冷水和热水之后的融化速度。水不用倒太多，彩色糖豆会慢慢融化，呈现出一个彩虹圆盘的效果。

实验扩展

a. 和宝宝一起玩角色扮演，用糖果演习生活场景。我分别扮演妈妈、爸爸、陌生人、幼儿园同学等角色，以不同的身份告诉她一些基本常识，如不可以吃陌生人给的糖，就算是认识的人给糖，也要经过爸爸妈妈的许可才可以吃；如果你想和小朋友分享糖果，也要事先征得小朋友爸爸妈妈的同意。

b. 一边放糖果一边说颜色或味道，强化宝宝对词汇的认知。

16

鸡蛋的沉与浮

适合年龄　2 岁以上

参照宝宝　麦麦（2 岁 8 个月）

所需材料　杯子、水、勺子、食用盐、鹌鹑蛋或鸡蛋（为了做对比实验，我准备了两份材料）

背后的科学　液体的浮力与密度相关，盐水的密度 > 生鹌鹑蛋的密度 > 水的密度

实验过程与心得

1 将两颗鹌鹑蛋分别放入两杯盛满水的玻璃杯中（水不用太多，3/4 即可），可以看到鹌鹑蛋很快沉入水底。

2 用勺子不断将盐持续加入其中一个瓶子，并持续搅拌，直到盐与水充分融合。另一个杯子则什么也不放。

3 当盐加到一定量以后，鹌鹑蛋便会慢慢浮上来。

17

瓶子里的彩虹

适合年龄　2 岁以上

参照宝宝　麦麦（2 岁 8 个月）

所需材料　加了紫色食用色素的蜂蜜（编号 1）、蓝色洗手液（编号 2）、加了绿色食用色素的水（编号 3）、食用油（编号 4）、加了红色食用色素的酒精（编号 5）、一个宽口带盖的高玻璃瓶

背后的科学　物体密度越大重力越大，蜂蜜的密度 > 洗洁精的密度 > 水的密度 > 食用油的密度 > 酒精的密度

实验过程与心得

1 将1—5的液体依次倒入宽口玻璃瓶，蜂蜜比较黏稠，倾倒的时候要小心，不然容易沾到玻璃内壁（这一步由家长来操作）。

2 除了第一步的蜂蜜和最后一步的酒精，其余液体都可以交给宝宝亲自操作倒入瓶子，最后呈现的分层效果还不错。我之前在做准备功课的时候，看到有些妈妈说实验失败在了最后一步，原因是倒酒精的时候用力过猛，酒精混在了油中，其实只要沿着玻璃瓶内壁缓慢倾倒即可。

/ 小提示 /

这个实验涉及的液体比较多，而且质地复杂，最好以大人操作为主，以免造成场面混乱，影响实验效果。而且酒精是种挥发性、刺激性液体，在使用的时候也要格外小心，不要让宝宝近距离闻，也不要用手触碰。

游戏扩展

除了酒精这种刺激性液体，其他的液体都可以让宝宝闻一闻，是训练嗅觉的好方法。

18

神奇的毛细现象

适合年龄　2岁以上

参照宝宝　麦麦（2岁8个月）

所需材料　玻璃杯、厨房吸水纸、水、食用色素

背后的科学　毛细现象（水沿着吸水纸的空隙上升，就好比植物利用根部的毛细管吸收土壤里的水分，将水分传送到枝叶的各个地方一样）

俗语说“人往高处走，水往低处流”，这个小实验却可以让我们看到会“走路”、会往高处流的水。我从众多颜色中选出了经典的红黄蓝三原色，来测试它们混合后会产生怎样的效果。

实验过程与心得

1 按照下图所示，把厨房纸搓成长条分别放入瓶中。带颜色的水会慢慢“爬”上来，附着在厨房纸上，最终会浸满厨房纸，还会有多余的水分在中间空瓶中聚集。

2 中间空瓶中的水越聚越多，颜色开始混合，红色与黄色混合成了橙色，黄色与蓝色混合成了绿色。

19

水杯音乐会

适合年龄　2岁以上

参照宝宝　麦麦（2岁8个月）

所需材料　玻璃杯、水、食用色素、筷子或木棍

背后的科学　频率与声音的关系

这是一个能帮助宝宝锻炼声音分辨能力的科学小实验，准备起来非常简单。

实验过程与心得

准备六个玻璃杯，在每个玻璃杯中装入不等量的水，水量依次递增。为了更好地区分水面高度，我在每个杯子中滴入了不同颜色的色素。

用筷子分别击打水杯，不同的水量导致杯子的振动频率不同，振动频率不同又导致了杯子发出的声音不同。仔细听一听，可以听出区别吗？

20

尿布里的小秘密

适合年龄　2岁以上

参照宝宝　麦麦（2岁8个月）

所需材料　没用过的尿布、滴管、勺子、植物

背后的科学　尿布有极强的吸水性得益于它里面的水凝胶

麦麦的妹妹有几片穿不了的尿布，丢了可惜，我们正好拿来做小实验，看看尿布里面到底藏着什么秘密，让它有这么好的吸水力。

实验过程与心得

1 麦麦用滴管把杯子里的水滴到干净的纸尿裤里，等到纸尿裤吸足水慢慢变鼓后，便用剪刀把它剪开。

/小提示/

尿布里的水凝胶比较黏，用手摸过后记得将手清洗干净。

2 把里面的白色水凝胶拿出来，放入花盆，然后给植物浇水，观察这些像雪花一样的胶体是如何吸收水分的。很多人会在育苗的时候把这些水凝胶和土壤搅拌在一起，让它们完全混合，这样既不会烧苗，也能增加土壤的松度。

实验扩展

a. 一起来做感官体验。和宝宝一起把手放在盛满水凝胶的盆里，使劲去抓水凝胶，让它都粘在手上，感受水凝胶独特的触感。

b. 一起来做语言训练。鼓励宝宝用词汇形容水凝胶的质地、颜色，不断增加他们的词汇量。我还给麦麦设定了园艺师的身份，请她好好照护这些植物，第二天就听见她在一旁说道："这些都是给你们吃的，你们快吃吧，吃完了我给你们喝点水就不渴了。"

21

北极熊不怕冷的奥秘

适合年龄　2 岁以上

参照宝宝　麦麦（2 岁 8 个月）

所需材料　冰块和冰水、起酥油（一种白色固态食用油脂）、手套或保鲜袋

背后的科学　脂肪层有保暖御寒的功能

我们手拿冰块的时间久了会感到冷，为什么像北极熊这样的动物泡在冰水里很久都不觉得冷呢？这是因为它们脂肪层很厚，不仅可以保暖，而且还能储

存营养。

这个有趣的科学实验就是通过一罐起酥油来模拟极地动物们的脂肪层，让宝宝通过感官体验北极熊不怕冷的奥秘。

实验过程与心得

1 将手伸进冰块里体会冰凉的感觉。

/ 小提示 /

起酥油非常油腻，不好清洗，游戏过程中无论是大人还是宝宝，都要戴上手套。

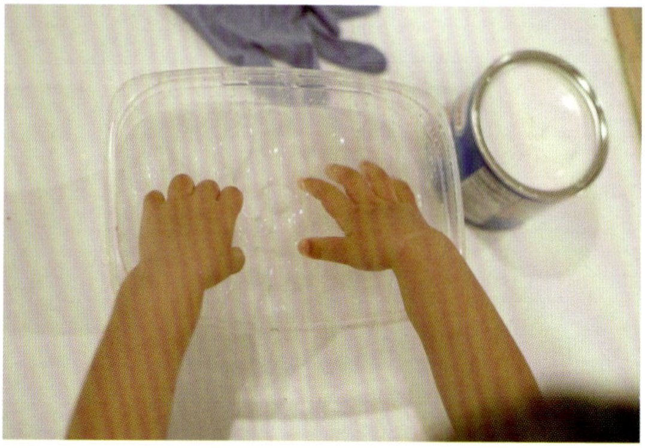

2 为自己和宝宝戴上手套，鼓励宝宝将小手伸进装起酥油的罐子里，伸进去后做握拳状。我告诉麦麦当她感觉自己抓了一大把东西以后就可以将手拿出来了。如果宝宝拿出手后发现手套上沾的酥油不多，家长可以戴上手套，帮助他们将酥油填满整个手背以及手掌。

3 鼓励宝宝把戴着手套并沾满酥油的手重新放回冰水里，多停留几秒，感受温度上的不同。

22

消失的鸡蛋壳

适合年龄　2 岁以上

参照宝宝　麦麦（3 岁）

所需材料　杯子、带皮生鸡蛋、白醋

背后的科学　鸡蛋壳的主要成分是碳酸钙，碳酸钙和白醋中的醋酸产生化学反应后会溶解，导致蛋壳消失，只剩下无法溶解的鸡蛋内膜

有一种魔法，不仅能让鸡蛋壳“隐身”，还可以在不破坏鸡蛋的前提下透过蛋白看到里面的蛋黄。这样神奇的魔法技能，每个宝宝都能轻松掌握。

实验过程与心得

1 将带皮的生鸡蛋轻轻放入玻璃瓶，倒入白醋，直到白醋完全淹没鸡蛋。

/ 小提示 /

鸡蛋在白醋中放置的时间越久，效果就越好。

2 静置1—2天。在静置的过程中观察鸡蛋的变化，鸡蛋壳上会冒出很多小气泡。时间越长气泡越多，白醋中的杂质也变得越来越多。

3 1—2天后将鸡蛋取出来，放在水中轻轻地揉搓，将表面的杂质都洗干净，鸡蛋壳居然神奇地消失了，鸡蛋变得软糯透明。将鸡蛋放在灯光或阳光下，还能看到里面的蛋黄。

麦麦将鸡蛋拿在手里端详，结果用力太大，一不留神，鸡蛋居然破掉了。

23

雨是如何形成的

适合年龄　2 岁以上

参照宝宝　麦麦（3 岁）

所需材料　杯子、吸水海绵、沙拉酱瓶、水、蓝色食用色素

背后的科学　云中有数十亿水滴，水滴聚在一起导致质量越来越大，无法继续飘浮在空中，便落下来形成了雨

雨是如何形成的呢？宝宝的认知能力有限，无法理解复杂的原理，我们可以借助日常道具向其解释雨的形成原理。

实验过程与心得

1 把洗碗用的吸水海绵当作云朵。在沙拉酱瓶内倒入水，滴入蓝色食用色素，把瓶子内的水挤到海绵上。

2 海绵吸收了足够多的水后，会越来越沉，等水积聚到一定程度就会从海绵中溢出来，落到瓶子里，很形象地还原了下雨的过程。

24

错位的吸管

适合年龄　2 岁以上

参照宝宝　麦麦（3 岁）

所需材料　杯子、水、吸管

背后的科学　光的折射现象

实验过程与心得

将一个吸管放入装着 3/4 水的杯子里，从玻璃杯的侧面看过去，可以发现吸管出现了弯折。一个简单的小实验既让宝宝观察了神奇的物理现象，也了解了光的折射原理。

25

立体环绕音响

适合年龄　2 岁以上

参照宝宝　麦麦（3 岁）

所需材料　两个纸杯、纸筒、刀子、胶枪或胶水

背后的科学　纸筒延伸了手机振膜振动的范围，达到了共鸣效果，音乐的声音也随之变大

这是一个既简单，效果又酷炫的小实验，能为宝宝带来不一样的听觉体验。

实验过程与心得

1 根据纸筒的大小，在两个纸杯的侧边分别挖开两个洞。

2 将纸筒两头分别套进纸杯孔中。

3 用胶水或胶枪将纸杯与纸筒的连接处固定好，确保纸筒不会轻易转动。

4 在纸筒中间挖一个和手机底座尺寸相同的长方形孔。

5 播放一段音乐，拿在手里听一听效果，再放入自制的纸筒音响里听听效果，会发现音乐的音量变大了，立体感也十足。

第八部分

生活技能

在我的童年记忆里，在做家务方面，家里的人没有一个是“甩手掌柜”，不精厨艺的就负责摆好碗筷、盛好饭菜，不善洗碗的就负责擦桌子、扫地，平时的衣服也要归整有序。

大多数的生活技能对宝宝来说是有难度的，需要经过长时间的练习。有意识地设计一些简单易操作的生活操作游戏，可以让他们学习生活工具的使用方法，培养好的生活习惯，通过简单有趣的游戏还原最真实的生活场景。

生活是最好的课堂。要让孩子从小树立“生活是为自己”的意识，懂得体谅他人的生活小课堂，开课时间永远不嫌早。

01

整理自己的小钱包

适合年龄　2 岁以上

参照宝宝　麦麦（2 岁 1 个月）

所需材料　钱包、不用的购物卡

游戏目的　让宝宝学习整理与归纳技巧

游戏过程与心得

2 岁的宝宝很喜欢模仿他人，我扫地，麦麦也跟着扫地；我化妆，她也要拿着我的眼影刷在脸上像模像样地涂抹一番，对于我的各种收纳包更是感兴趣。

于是我为麦麦准备了一个专属小包，里面放了几张不用的购物卡和过期的银行卡，和她一起模拟去超市买菜刷卡时的场景。我还在包里放了几张照片，时不时和她一起回忆照片里的人和事。她最喜欢的还是一个个化妆品小样，经常拿出来做归类整理。收纳整理的过程有助于帮助宝宝建立物归原处的好习惯，提高物主意识。

/ 小提示 /

将不用的银行卡和购物卡给宝宝时，记得抹去卡上的重要信息。

02

照顾斗鱼

适合年龄　2岁以上

参照宝宝　麦麦（2岁1个月）

所需材料　斗鱼、鱼缸、鱼食

游戏目的　让宝宝了解斗鱼的生活习性，培养他们的观察力，认识人与自然的关系，在照顾小鱼的过程中培养爱心与耐心

游戏过程与心得

养动物的过程可以让宝宝与小动物近距离接触，仔细观察动物的特点和生活习性。

麦麦2岁生日当天，我给麦麦买了2条斗鱼。此后，每天她起床吃完饭的第一件事就是给小鱼喂食，一天2次，一次给每条鱼喂2粒小鱼食，这让麦麦掌握了“数量”和“平分”的概念。鱼食特别小，想用小手捏起来并准确投食并不容易，正好锻炼了麦麦的精细能力。在这个过程中，她也逐渐养成了给小鱼喂食的习惯。

/ 小提示 /

斗鱼食量不大，一天喂2—3粒鱼食即可。鱼食要放在宝宝自己够不到的地方，以免被宝宝拿到，给鱼过度喂食。

03

挤柠檬

适合年龄	2 岁以上
参照宝宝	麦麦（2 岁 2 个月）
所需材料	柠檬、柠檬挤压器、碗
游戏目的	让宝宝通过练习挤柠檬，锻炼手部力量，学习制作柠檬汁的方法

游戏过程与心得

柠檬汁富含丰富的维生素，我经常用它来泡水，做饭时也可以用它去腥调味。每次麦麦看到我挤柠檬，就跃跃欲试，于是我就把挤柠檬的工作交给了她。

我把柠檬一切为二，麦麦双手紧握柠檬，使出全身力气挤压。我还为她提供了挤柠檬的机器，她照着我的样子把柠檬按在机器上，用力旋转手腕，挤压柠檬。在这个过程中，麦麦学习了如何使用柠檬挤汁器，锻炼了手腕力量。

喝一杯自己亲手挤的柠檬汁吧，干杯！

/ 小提示 /

柠檬汁有化痰、止咳、提高免疫力的功效，对宝宝来说也是很健康的饮品。

04

切香蕉

适合年龄	2岁以上
参照宝宝	麦麦（2岁3个月）
所需材料	香蕉、木质或塑料刀具
游戏目的	锻炼宝宝的精细能力和手眼协调力，教他们学会使用餐刀，建立因果认知

/ 小提示 /

可以先把香蕉切段，然后再剥皮，剥皮的过程还能帮助宝宝锻炼手指的精细能力。

游戏过程与心得

宝宝对刀叉类的厨房用具都很感兴趣，可以通过切割水果来让他们练习使用刀具，培养生活技能。为了安全起见，我为麦麦准备了不锋利的塑料刀，让她练习使用刀子切割食物。她将香蕉一切为二，再继续将每一半切成若干小块。香蕉质地软、易切割，让她很是上瘾。

切完后的香蕉自己吃一口，喂妈妈吃一口，好有成就感！

切香蕉这个动作不仅能锻炼宝宝的手部肌肉，让他体会切割食物时的真实质感，还能帮助宝宝建立简单的因果认知：切开后，一根香蕉会变成两部分，切得次数越多，分割的数量就越多。

05

去图书馆借书

适合年龄　2岁以上

参照宝宝　麦麦（2岁3个月）

所需材料　图书馆借书卡

游戏目的　让宝宝学习借阅书籍的流程与规则，养成好的阅读习惯和公共场所文明礼仪

游戏过程与心得

图书馆是我们经常去的地方，里面有丰富的儿童绘本资源，是读书学习的好去处。去图书馆借阅书籍对宝宝来说也是生活的必修课。

在图书馆前台要一张信息卡，和宝宝一起研究上边的内容，让他们对开闭馆时间、楼层分布、活动内容有基本的概念。可以办一张借书卡，选择在固定的时间带着宝宝去借书，让他们养成好的借阅习惯，同时提醒宝宝在图书馆要小声说话，学习公共场所的文明礼仪。

06

剥皮小能手

适合年龄　2岁以上

参照宝宝　麦麦（2岁4个月）

所需材料　熟鸡蛋、餐盘、橘子等带皮水果

游戏目的　锻炼宝宝的手指精细能力，提高他们的专注力和解决问题能力

游戏过程与心得

剥水果这些看似很简单的事情，对宝宝来说，也需要通过不断地练习才能熟练完成。生活能力就是从这些看似琐碎的小事中培养起来的。

我为麦麦演示了如何剥鸡蛋：将鸡蛋在桌子上用力敲出裂纹，然后从裂纹处开始剥，她很快就学会了。剥一颗完整的鸡蛋可以锻炼宝宝双手配合以及手指的精细能力，对耐心也是很好的操练。

我还在桌子上放了一个空碗，目的是告诉麦麦剥完的皮不要到处乱扔，要集中放在一个容器里。

07

帮妈妈洗衣服

适合年龄　2 岁以上

参照宝宝　麦麦（2 岁 5 个月）

所需材料　脏衣服、洗衣筐

游戏目的　让宝宝学会与他人合作，建立责任感，熟悉家用电器的使用方法

游戏过程与心得

洗衣服这一部分是我每次都会“盛情邀请”麦麦去做的家务，她可绝对是我的好帮手。在她还不会走路的时候，我就对麦麦说：“麦麦，来帮妈妈一起洗衣服吧”，麦麦就爬过来，把装着脏衣服的篮筐推到洗衣机旁，我为她打开洗衣机门，她扶着洗衣机门，把衣服一件件放进去。现在 2 岁多的麦麦在洗衣服这件事情上的热情依然不减。

参与洗衣服的过程可以帮助宝宝建立责任感，学习家用电器的使用方法，学会根据衣服的材质及颜色进行分类清洗。秩序感就是在这样周而复始的简单步骤中形成的。

/ 小提示 /

还可以在洗衣之前和宝宝一起玩分类游戏。让宝宝按照衣服所属关系（哪一些衣服是妈妈的）或衣服种类（把所有上衣挑出来放在一起）对它们进行分类。

08

照顾植物

适合年龄　2 岁以上

参照宝宝　麦麦（2 岁 7 个月）

所需材料　植物、喷壶、浇水壶、尿布、勺子

游戏目的　锻炼宝宝的精细能力，让他们了解植物生长的基本要素

游戏过程与心得

为了增添自然气息，我在家里的各个角落都放上了植物，并把为植物浇水的任务交给了麦麦，她可以借此观察植物是如何生长的，了解植物生长必备的要素，从而学会照顾植物。为植物浇水的过程还可以教宝宝如何正确使用喷壶和浇水壶。

我们还找来了妹妹不用的尿布，然后把白色水凝胶拿出来放入花盆，给植物浇上水，观察这些像雪花一样的胶体是如何吸收水分的。

09

安全使用剪刀

适合年龄　2 岁以上

参照宝宝　麦麦（2 岁 8 个月）

所需材料　剪刀、纸张

游戏目的　让宝宝学习安全使用剪刀，锻炼手指的精细能力，增强安全意识

/ 小提示 /

如果觉得语言描述过于复杂，可以通过场景演示表演出来。

游戏过程与心得

2 岁开始，宝宝就可以开始学习使用剪刀了，剪刀的使用对幼儿来说是个小挑战，但它能训练宝宝的手眼协调、手指精细、躯干（肩膀、前臂、手腕）稳定以及身体协调这四大最基本的能力，这些能力对学龄儿童来说至关重要。

很多家长迟迟没有让宝宝使用剪刀，很重要的一个原因就是它有一定的危险性，所以我制定了一些游戏规则，在游戏前后反复提醒麦麦：

—只有爸爸妈妈在身边的时候，才可以使用剪刀，以后在学校，也要经过老师的同意才能用。

—剪刀只能用来剪纸。

—拿着剪刀时绝对不能跑步，走路也要慢走，把刀片合拢，并用手掌握住刀片的位置，拿剪刀的手不能放在胸前，要放在身体侧边。

—将剪刀递给别人的时候要把刀片合拢，手掌握住刀片，将剪刀手柄冲着对方递过去；接别人递过来的剪刀时，要确定是手柄的方向朝着自己。

10

制作水果沙拉

适合年龄　2 岁以上

参照宝宝　麦麦（2 岁 8 个月）

所需材料　苹果、提子、猕猴桃、圣女果、沙拉酱、水果盆

游戏目的　让宝宝体验制作水果沙拉的过程，学习与他人分享美食

游戏过程与心得

我把所有材料都摆在麦麦面前，引导她把水果依次放入水果盆，放入沙拉酱并搅拌均匀。在搅拌的过程中，麦麦会根据水果表面颜色的变化，不断调整搅拌方向，以确保每一种水果都能均匀地沾到沙拉酱。

制作完成后，麦麦会邀请我一起品尝沙拉。吃到自己亲手制作的沙拉，麦麦开心极了。

/ 小提示 /

可以准备一个大一些的容器，这样在搅拌的过程中，水果不容易洒出来。

11

练习使用筷子

适合年龄　2 岁以上

参照宝宝　麦麦（2 岁 9 个月）

所需材料　幼儿练习筷、绒毛球、豆子、小块食物

游戏目的　让宝宝通过游戏的方式练习使用筷子，锻炼手眼协调力与手指精细能力，为用筷子自主进食做准备

游戏过程与心得

2岁半的麦麦对大人的物品都很好奇，吃饭时也会要求为自己添一双筷子，成人的筷子又长又滑，对于刚开始练习使用筷子的宝宝来说有难度，我为麦麦准备了儿童专用练习筷，设计更合理，也更容易上手。我用容易上手的绒毛球代替食物让麦麦做练习，大大增加了她的挑战欲，帮助她建立了信心。

/ 小提示 /

可以逐步提高挑战难度，用其他物品来代替绒毛球。

12

面包与果酱

适合年龄　2 岁以上

参照宝宝　麦麦（2 岁 9 个月）

所需材料　面包、果酱、勺子

游戏目的　让宝宝练习涂抹果酱，锻炼双手合作力，提高身体协调能力

游戏过程与心得

没有宝宝可以抗拒果酱的魅力，既然想吃，那就自己动手来抹果酱吧。打开果酱瓶的那一刻，麦麦又开始一个小挑战。为了吃到果酱，她需要双手合作将瓶子打开，用勺子将果酱挖出来抹到面包上，还要根据自己的需要判断涂抹多少果酱，是否需要在品尝后添加更多的果酱，吃完后还要把瓶盖盖回果酱瓶。

对麦麦来说，整个操作步骤就是一个个拆分开来的任务，帮助她树立有始有终的意识。

13

刷牙

适合年龄　2 岁以上

参照宝宝　麦麦（2 岁 10 个月）

所需材料　白色画纸、透明文件夹、马克笔、废旧牙刷、白色牙膏（或白色颜料）

游戏目的　让宝宝学习如何进行自我护理，增强牙齿保护意识

游戏过程与心得

为了让不太配合刷牙的麦麦爱上刷牙，重视并增强牙齿保护意识，我把刷牙过程引入了好玩的绘画游戏中。

我在白色画纸上画了两个可爱的大嘴娃娃，将画纸放入透明文件袋中，并在文件袋上有牙齿的地方用黑色和彩色马克笔画上“小蛀虫”。麦麦自己挤好牙膏，努力地为小娃娃刷牙，确保每一颗牙都能清理干净。透明纸袋上的马克笔痕迹并不容易擦掉，这是个好的切入点，让她知道虫牙不好清洗，有了这个概念，她就知道刷牙是一件需要持之以恒的生活习惯。

/ 小提示 /

刷牙也是一件需要秩序的事情，从打开牙膏盖、挤牙膏、刷牙，到最后的清理，都需要按顺序去做，有助于宝宝生活习惯的养成。

14

制作果冻

适合年龄　2 岁以上

参照宝宝　麦麦（2 岁 10 个月）

所需材料　制作果冻的果冻粉、勺子、量杯等厨房用具

游戏目的　让宝宝学习果冻的制作方法，练习如何操作工具，感受果冻质地，品尝味道

游戏过程与心得

制作果冻需要用到打蛋器、量勺、量杯、勺子等很多厨房工具，麦麦每次看到我用这些工具做蛋糕或和面时，都会忍不住大喊“我来我来！”这些厨房的早教利器，可以帮宝宝理解毫升、一勺、两杯等各种度量概念，帮助宝宝建立基本的认知，了解原料名称，观察果冻粉倒入水中所发生的形态变化。还可以帮助宝宝在使用工具的过程中练习手部精细操作，锻炼手眼协调力。

我将热水倒入玻璃盆，麦麦自己将果冻粉倒入水中，然后加入所需量的冷水，不停搅拌直到果冻粉与水溶解。我们一起将果冻水放入冰箱，几小时后拿出来就可以吃到美味的果冻了。

/ 小提示 /

在制作果冻过程中要用到热水，这一步需要大人来协助完成，避免不必要的危险。

15

练习扫地、拖地

适合年龄　2 岁以上

参照宝宝　麦麦（2 岁 10 个月）

所需材料　簸箕、扫帚、拖把

游戏目的　让宝宝在练习中学会控制扫帚的方向，锻炼手腕和手臂力量，增强肢体协调性，养成好的卫生习惯

游戏过程与心得

扫地和拖地是最基本的生活技能。

宝宝对于扫地工具的热情往往高于他们的实际能力，每次看到我扫地，麦麦总是热心地来帮忙，但是成人用的扫帚尺寸太大，手柄太长，她既拿不稳又扫不干净，常常是好心帮了倒忙。于是我为她准备了短柄的簸箕和扫帚，她可以通过双手合作，较轻松地把垃圾扫进簸箕里。

相较于扫地，拖地相对轻松一点，麦麦常常拖一次地出一身汗，这也是锻炼体能的一个好方法。

16

学习如厕

适合年龄	2 岁以上
参照宝宝	麦麦（2 岁 10 个月）
所需材料	儿童便盆、幼儿绘本、小内裤
游戏目的	帮助宝宝了解自己，学会控制自己的身体，做到自己如厕

游戏过程与心得

2 岁之后的宝宝自己如厕是自理能力的一个重要体现，是走向独立的一个重要里程碑。让宝宝学习自己上厕所，可以让他们认识到“我可以照顾自己，我可以掌控自己的身体”。通过练习“脱裤子—上厕所—清洁身体—提裤子—清理小便盆”这一完整步骤，让宝宝意识到“我长大了，可以自己做更多的事情”。

我为麦麦买了一个专属的小便盆，给她穿上舒适的小内裤，陪她一起阅读和宝宝如厕相关的绘本，为如厕训练做好了准备。

/ 小提示 /

1 岁以前，宝宝的肛门和尿道括约肌还没有发育成熟，如果此时对宝宝进行如厕训练，不仅没有任何帮助，还会给他造成压力，造成憋尿反射消失。2—3 岁是否进行如厕训练也要根据宝宝的身体状况以及认知发展水平而定。

更多育儿图书推荐

《宝宝出生第一年的育儿日记》

定价:68.00元

书中每周都会以问答的方式介绍当前月龄的宝宝和父母应该注意的事情，并适时推荐育婴用品以及给妈妈加油的简短语录，以让育儿这件事儿变得轻松。

颜值高、功能全的宝宝成长记录册

一天一页，让时间见证宝宝的成长

《给孩子的童话早餐》

定价:49.00元

王婧连续三年为女儿制造完全不重样的早餐，每份早餐的构思都来自母女俩生活的点点滴滴，“我要用食物给女儿讲属于我们自己的童话”，从每的小事着手，给孩子一份特殊的礼物。她的童话创意早餐得到了新华网、人民网、网易等媒体的转发和关注。

《冷静下来:你唯一需要的育儿技巧》

定价:35.00元

大卫·维恩纳（一对双胞胎男孩的父亲）最早在其网络博文中提出用“冷静法”育儿，随后将它们编制成书。他在书中毫无保留地介绍了大量亲身实践过的实用方法，并告诉读者，依靠常识就能解决大部分的育儿问题。